苏州科技大学师资培养项目资助

交易所企业债

收益率波动研究

王世文　著

江苏大学出版社
JIANGSU UNIVERSITY PRESS

镇　江

图书在版编目(CIP)数据

交易所企业债收益率波动研究/王世文著. —镇江：
江苏大学出版社,2020.11
ISBN 978-7-5684-1466-1

Ⅰ.①交… Ⅱ.①王… Ⅲ.①公司债券－收益－经济
周期波动－研究－中国 Ⅳ.①F832.51

中国版本图书馆 CIP 数据核字(2020)第 224511 号

交易所企业债收益率波动研究
Jiaoyisuo Qiyezhai Shouyilü Bodong Yanjiu

著　　者/	王世文
责任编辑/	柳　艳
出版发行/	江苏大学出版社
地　　址/	江苏省镇江市梦溪园巷 30 号(邮编：212003)
电　　话/	0511-84446464(传真)
网　　址/	http://press.ujs.edu.cn
排　　版/	镇江文苑制版印刷有限责任公司
印　　刷/	江苏凤凰数码印务有限公司
开　　本/	890 mm×1 240 mm　1/32
印　　张/	6.75
字　　数/	200 千字
版　　次/	2020 年 11 月第 1 版
印　　次/	2020 年 11 月第 1 次印刷
书　　号/	ISBN 978-7-5684-1466-1
定　　价/	60.00 元

如有印装质量问题请与本社营销部联系(电话:0511-84440882)

序：构建有中国特色的企业债券市场

　　债券市场的规模，以及为企业提供债务融资的便利性，是衡量一国资本市场发展成熟度的常用标准。在欧美日等金融市场发达的国家，债券市场规模通常要比股票市场大。我国改革开放以来，资本市场融资手段不断丰富，融资功能愈来愈完善，正在从以银行贷款为主转向股市、银行、债市三足鼎立的局面。企业债券是拓展融资渠道和优化融资结构的重要工具，截至 2019 年，企业债券融资规模已达 3.34 万亿元，是 2012 年的 1.48 倍，是同年非金融企业境内股票融资的 9.6 倍。这一趋势表明，企业发债市场的增速远远超过了股市直接融资。企业债发行更早启动了注册制，投资群体也逐步扩大到了个人。在这种情况下，作为一个重要的大类配置资产，其收益波动和风险研究变得越来越重要和紧迫。

　　王世文教授的这本专著主要研究了在交易所交易的一年期及以上的企业债和非股权连接公司债的收益率波动，这是金融资产时间序列研究的热点问题之一。目前，单独以交易所企业债为研究对象的研究成果相对较少，这本专著填补了这个领域的空白。本书以交易所企业债指数收益率为研究对象，从债券市场微观结构、股票市场波动溢出和货币市场利率这三个影响交易所企业债收益率波动的市场因素入手，进行了全面深入细致的计量分析。这项研究的目的是为大类资产配置提供理论基础，以及为评价市场有效性与完善企业债市场发展提供理论借鉴。作者认识到投资者的预期并不完全相同和绝对理性，信息不会引致投资者采取完全、及时、一致预期的行动。对于这类具有分形、混沌等特性的复杂开放的非线性系统，采取有效市场假设下的因果关系进行调控很难取得预期效果，甚至会背道而驰，而通过对交易所企业债指数收益率波动特征的识别，研究交易所企业债市场收益率波动特征和信息含量的关系，有助于深入认识交易所企业债市场的有效性水平及交易者的行为特点，为金融市场宏观调控提供依据。

标准的金融学理论对于稳定成熟的长期债券市场有较好的解释力，但是，对于发展中的债券市场，它往往无法据此进行结构性分析，难以指导投资活动。例如，长记忆性导致企业债收益率时间序列并非白噪声过程，其分布具有尖峰厚尾和波动丛聚的特点，并不符合资本资产定价模型与期权定价经典理论正态分布、同方差的假设。本书注意到国内企业债、公司债市场具有分散割裂的特点，交易所债券市场和银行间债券市场在微观市场结构方面存在较大差异，交易机制、交易主体和流动大小等方面有明显差异。另一方面，企业债、公司债的发行主体属性对债券信用等微观特征会产生影响，比如地方政府平台公司发行的企业债、公司债，与一般工商企业的同类债券是有区别的，当前者占较大比重时，企业债市场的特征可能会发生一定程度的异化。后者也是国内特有现象，尤其是最近几年，许多地方政府平台通过发行公司债为基础建设融资，这种情况可能还会存在一段时间。而一般企业的信用债与带有政府潜在信用担保的这类债券是有本质差别的。随着债券产品类别丰富和数量增长，期待未来会有更多的分类研究。

成熟完善的债券市场是建设多层次资本市场的终极目标。这个市场不仅可以为金融体系提供巨大的流动性，为企业提供筹措资金的便利渠道，对改善融资结构、降低金融系统风险和提高金融资源配置效率也具有重要意义。债券市场是货币政策传导的重要媒介。如果我们能够建立一个有效的企业债市场，企业债就能及时、准确、有效地对利率做出反应，为货币政策操作提供准确信号和重要决策依据。为此，加快实现交易所债券市场的整合，使其成为公开信用定价市场，提高信用风险定价效率，是推进利率市场化进程的一个重要抓手。目前看来，就债券总体发行和交易额而言，银行间市场仍处于绝对领先地位，但是，在价格发行方面银行间市场则逊于交易所市场。交易所债券市场的集中竞价系统、大宗交易系统和固定收益证券综合电子平台，既可以开展企业债券大宗交易，也适于中小普通投资者参与，市场化程度和投资人异质性程度相对较高。市场分层和竞争性做市商机制有效提升了企业债交易的效率和市场流动性，降低交易成本，发挥交易所债券市场的价格发现功能。成熟发达的交易所企业债市场有助于实现融资多元化、改善期限错配和提供避险投资工具，对降低金融系统风险具有重要意义。

另一个值得政策部门关注的，是企业债、公司债市场的发行主体是否应尽量向中小企业倾斜。中小企业由于经营风险较大，可抵押资产较少，在银行贷款方面始终存在无法克服的瓶颈。解决这个疑难问题的方式一般是通过企业债、公司债市场，在风险定价和对冲工具方面具有比银行更大的灵活性，因此能够更好地满足中小企业债务融资需求。当然，由于企业债券融资需求巨大，国内市场可能暂时无法过快放大规模，也可以考虑企业债券发行国际化。随着向国际认可的资信评级机构开放市场，中国内地企业可以取得国际资本市场认可的评级，通过香港这个国际资本市场平台发行以美元或人民币计价、偿付的债券，这不仅有利于债券市场更快地与国际接轨，而且有可能使香港成为重要的国际债券交易市场，取得中国内地企业、特区政府、内地政府多赢的结果。

企业债、公司债的未来发展具有广阔天地，这是一个介于高风险高收益资产和低风险低收益资产中间的产品，有非常大的选择空间，能够适应多种需求的投资群体，衷心希望这个市场能够越办越好，成为中国经济转型的重要引擎。也希望在王世文教授的这本专著出版之后，有更多接地气的、有现实意义的政策和市场行为研究成果出现，帮助政策制定部门加快推动这个市场的发展。

是为序。

郑　磊

宝新金融首席经济学家

2020 年 9 月 20 日

前　言

　　2020 年，中共中央、国务院发布了《关于构建更加完善的要素市场化配置体制机制的意见》，提出推进资本要素市场化配置，必须加快债券市场发展。而定价效率是资源配置机制的关键，债券价格波动也是债券市场吸引与活跃投资者的最大"魔力"，对债券市场资源配置功能的发挥具有重要影响。理论方面，波动率研究是金融风险计量和资产定价建模的基础。金融资产时间序列方差通常具有时变的特点，但受波动难以直接观察的影响，直到 20 世纪 70 年代末，关于方差的研究才逐渐成为研究的热点。学界与实务界对股票、外汇、债券和黄金等资产的波动进行了广泛研究，但以交易所企业债为对象的研究相对不足。根据资产定价理论，利率债、股权连接债与普通企业债波动的决定因素不同，需区别研究。根据市场微观结构理论，场内市场和场外市场交易机制不同，开展独立研究也具有理论与现实意义。

　　中国债券市场发展有其特殊规律。2009 年以来，交易所企业债发行、交易规模持续快速增长，已成为多层次资本市场的重要组成部分。本研究以交易所企业债指数连续复利收益率为样本，利用 GARCH 模型刻画了交易所企业债收益率波动的特点。然后，从市场层面影响交易所企业债收益波动率的因素出发，利用交易额、活跃度、股票市场溢出和 Shibor 等四个因素解释交易所企业债收益率的波动，探究微观市场结构、资本市场、货币市场和交易所企业债收益波动率之间的关系。

　　第一，对交易所指数收益率的特点进行了描述统计和计量分析，证明该时间序列具有尖峰厚尾、波动丛聚的特点，存在自相关性和正反馈效应，并非白噪声过程。波动对初始值敏感，而对市场随机因素不够灵敏，具有长记忆性和混沌特征。此外，波动具有杠杆效应，但不具有风险溢酬效应。

第二，基于微观金融市场结构理论的考虑，以市场交易额和交易活跃度为解释变量，研究其对交易所企业债收益率波动的影响。结果证明，2004—2019 年，企业债指数样本成交额对企业债收益率波动并无影响。然后，通过两个阶段和不同指数收益率波动的比较分析，证明了交易额波动率和活跃度对企债收益波动率具有重要意义。二者的改善有助于降低企业债收益率波动的长记忆性，增强对市场随机新息的反应强度，也有助于消除杠杆效应，但是，它对风险溢酬没有产生影响。

第三，基于金融市场波动溢出理论的考虑，分析了股指波动率和企债 30 指数波动率之间的关系。二元 BEKK 模型证明股指波动率和企债 30 指数收益波动率之间存在一定溢出关系，但既不稳定，也相对较弱，多数时间是围绕零值附近上下频繁波动。参数估值结果还表明，联合冲击对协方差的敏感度远大于新息的冲击，股债溢出关系也存在聚类特性，波动溢出的持续性较强。此外，波动溢出存在较大的杠杆效应。

第四，基于企业债定价理论和货币政策传导理论的考虑，以 Shibor 为解释变量估计了货币市场基准利率对企业债收益率波动的影响。描述统计分析的结果表明，Shibor 和 Shibor 波动率与企债 30 收益率之间的关系较为复杂，具有不确定性。向量自回归模型和包含 Shibor 的广义条件异方差模型都具有统计意义上的显著性，Copula 模型也表明两者之间具有显著性。但是，从具体程度来看，Shibor 波动率与企债 30 收益波动率的影响也可以忽略不计，没有实际意义。

综合来看，各部分的结论存在互相印证关系。交易额波动率和活跃度对企业债收益率波动具有一定影响，但是，近年来，交易所企业债市场交易额波动趋于减弱，二级市场交易活跃度也无明显改善，因此，二者对企业债收益波动率的影响不够突出。股指波动溢出效应和 Shibor 波动对企业债收益波动率的影响系数十分微小，很难产生实质性影响。由此可见，长记忆性能够主导交易所企业债收益波动率的统计解释是：微观市场结构层面变量的影响系数较大。但是变量本身变动微弱，难以发挥作用，而市场间溢出和货币政策层面的变量变动较大。然而，这些变量和交易所企业债收益波动率之间不存在理论上的紧密关系。这一方面是债券市场的本质特点导致的，另一方面也是市场化不足和市场发展程度较低造成的。

交易所企业债市场并非有效市场，长记忆性与风险溢酬缺失制约了其在金融资产定价、货币政策传导和资源配置方面的作用。通过利用描述统计和时间序列计量法揭示了交易所企业债收益率波动的特性，并从市场层面做出了解释，丰富了资产收益率波动领域的研究成果。在实践方面，对固定收益证券风险计量、合理定价和证券投资组合管理具有参考价值，对监管层和市场主办方发展完善交易所企业债市场也具有借鉴意义。

著　者

2020 年 8 月

目　录

1 绪论

1.1 研究目的

近年来，随着债券市场改革的深化和发行交易机制的完善，我国债券市场发行与交易规模保持快速增长态势。以上海债券交易所公司债发行为例，2019 年公司债券（包含一般公司债、私募债、可交换债、可转债等）全年发行 2.77 万亿元，同比增长53.38%。其中，非金融企业公司债券全年发行 2.29 亿元，同比增幅达 61.58%；非公开发行公司债券 1.52 亿元，同比增长79.57%，二者已成为上交所公司债发行主体。交易金额方面，2019 年中小企业私募债、公开发行公司债、非公开发行公司债和企业资产支持证券的交易额分别是 2015 年的 9.06 倍、4.92 倍、41.57 倍和 6.58 倍，5 年间实现了大幅度增长①。

作为多层次资本市场的基础构成部分，债券市场的发展在提高直接融资比重、推动储蓄转化为投资和增加金融服务实体经济能力等方面发挥了积极作用。2020 年 4 月，中共中央、国务院出台了《关于构建更加完善的要素市场化配置体制机制的意见》，提出推进资本要素市场化配置，要求加快债券市场发展，并对当前债券市场发展提出了明确要求。债券市场品种业务丰富，其中，广义的企业债券可以为企业发展提供融资和多元化投资产品，对支持实体经济发展具有不可替代作用。2020 年 3 月，国务院常务会议提出进一步强化对中小微企业普惠性金融支持措施，

---

① 根据上海证券交易所《二〇一九年债券市场年度报告》整理计算。http://bond.sse.com.cn/trainings/research/researchb/c/5026904.pdf。

要求"引导公司信用类债券净融资比上年多增 1 万亿元，为民营和中小微企业低成本融资拓宽渠道"[①]。同年政府工作报告中也提出"支持企业扩大债券融资"。

债券二级市场的活跃度是流动性和有效定价的基础，债券收益率是吸引投资者入市和交易的关键。企业债券收益率的波动不仅受债券票息率、市场利率、信用等级、到期期限、市场间溢出、微观市场结构等众多企业与市场层面因素的影响，而且具有长记忆性。长记忆性导致企业债收益率时间序列并非白噪声过程，其分布具有尖峰厚尾和波动丛聚的特点，并不符合资本资产定价模型与期权定价经典理论正态分布、同方差的假设。随着计算技术的突破，20 世纪 70 年代末以来，关于金融时序方差时变性特点的研究逐渐成为金融计量学研究领域的关注点之一，但是，由于其波动的复杂性和不可直接观察性，相关理论研究及其应用仍在深化探索之中。

本研究通过对交易所债券市场和银行间债券市场发展的比较，对企业债和利率债券、股权连接债券定价理论的比较，提出将交易所企业债作为单独研究对象的必要性，及其研究的可行性。本研究的目的在于通过描述统计和建立计量模型，识别交易所企业债市场指数收益率波动的时变特点，建立条件异方差模型进行刻画。然后，基于市场层面影响交易所企业债收益率波动因素相关理论的考虑，尝试利用市场规模、交易活跃度、股票市场溢出、Shibor 波动对交易所企业债收益率波动做出合理解释，以丰富该研究领域的理论研究成果，为交易所业务创新和投资者投资组合管理提供依据，为评价交易所企业债市场资源配置效率和制定宏观经济调控政策提供参考。

1.2　企业债的定义与范围

从理论上讲，企业债是企业发行并约定在一定期限内还本付

---

① 中国政府网：http://www.gov.cn/guowuyuan/cwhy/20200331c12/mobile.htm。

息的债券，但实际业务活动中，随着金融创新发展，企业债细分产品之间往往具有连续性，其范围异常广泛，形式也十分多样，国内外统计资料对其并没有统一的标准口径。

在中国，企业债更加复杂。当前，国家发展改革委员会、证券监督管理委员会和银行间市场交易协会三部门分别行使企业债发行管理权力，交易又主要在交易所和银行间市场进行，发行与交易市场的分割导致不同部门统计资料对企业债之定义并不一致，远比金融学理论复杂。为了避免产生歧义，保证研究逻辑的一致性和成果运用范围的适当性，要研究交易所企业债收益率波动，首先需对交易所企业债之内涵与外延进行界定。根据中国企业债券市场发展的实际情况，本书将对广义企业债券、狭义企业债券和交易所企业债券等概念进行界定与比较。

1.2.1　广义企业债券及其范围

根据国务院 1993 年发布的《企业债券管理条例》第五条，企业债券是指"企业依照法定程序发行、约定在一定期限内还本付息的有价证券"，但金融债券和外币债券除外。根据这一界定，企业债包括在银行间市场发行的超短期融资券（下文简称超短融）、短期融资券（下文简称短融券）、中期票据（下文简称中票）、中小企业集合票据、中小企业区域集优票据、在证券交易所和银行间协会市场发行的企业债券、在交易所发行的公司债券等。

以上企业债券的范围与通常意义上所指的信用债相近[1]，其包含的范围非常宽泛，本书称其为广义企业债券。在宏观经济管理工作中，社会融资规模统计中的"企业债"融资方式与这一范围接近。2011 年，中国人民银行正式统计和公布社会融资规模数据。根据该统计制度，社会融资规模是指一定时期内实体经济从金融体系获得的资金总额。其中，企业债券是相对人民币贷款、外币贷款、委托贷款、信托贷款、未贴现的银行承兑汇票、非金

---

[1]　政府、央行和金融机构等主体发行的债券，风险较低，称为利率债。而企业发行的债券相对风险较大，称为信用债。

融企业境内股票融资、保险公司赔偿和投资性房地产等而言的金融融资工具。

按照广义企业债券计算，2012 年企业债券融资规模已达 2.25 万亿元，是 2002 年的 61.31 倍，是同年非金融企业境内股票融资的 8.97 倍，企业债券融资已超越股票融资，成为仅次于人民币信贷的融资方式。

2019 年，企业债券融资规模已达 3.34 万亿元，是 2012 年的 1.48 倍，是同年非金融企业境内股票融资的 9.6 倍，虽然近年来，企业债融资规模增速减缓，但是与同年非金融企业境内股票融资相比，企业债融资规模增速仍占较大比重，其仍是金融市场的重要组成部分。2002—2019 年社会融资规模结构如表 1-1 所示。

表 1-1　2002—2019 年社会融资规模年度结构比较

%

年度	人民币贷款	外币贷款（折合人民币）	委托贷款	信托贷款	未贴现的银行承兑汇票	企业债券	非金融企业境内股票融资
2002	91.9	3.6	0.9	—	－3.5	1.8	3.1
2003	81.1	6.7	1.8	—	5.9	1.5	1.6
2004	79.2	4.8	10.9	—	－1.0	1.6	2.4
2005	78.5	4.7	6.5	—	0.1	6.7	1.1
2006	73.8	3.4	6.3	1.9	3.5	5.4	3.6
2007	60.9	6.5	5.7	2.9	11.2	3.8	7.3
2008	70.3	2.8	6.1	4.5	1.5	7.9	4.8
2009	69.0	6.7	4.9	3.1	3.3	8.9	2.4
2010	56.70	3.50	6.20	2.80	16.70	7.90	4.10
2011	58.20	4.50	10.10	1.60	8.00	10.60	3.40
2012	52.03	5.81	8.12	8.19	6.66	14.28	1.59
2013	51.35	3.38	14.71	10.63	4.48	10.46	1.28
2014	59.59	2.17	15.27	3.15	－0.78	14.51	2.65
2015	73.15	－4.17	10.33	0.28	－6.86	19.08	4.93

年度	人民币贷款	外币贷款（折合人民币）	委托贷款	信托贷款	未贴现的银行承兑汇票	企业债券	非金融企业境内股票融资
2016	69.81	−3.17	12.27	4.82	−10.95	15.59	6.97
2017	71.19	0.01	4.00	11.60	2.76	2.27	4.50
2018	31.80	−0.85	−3.26	−1.40	−1.31	5.02	0.73
2019	65.76	−0.50	−3.66	−1.35	−1.85	13.00	1.35

资料来源：根据中国人民银行网站资料整理计算，http://www.pbc.gov.cn/publish/diaochatongjisi/3172。

1.2.2 交易所企业债及其范围

在中国，国家发展和改革委员会、证券监督管理委员会和银行间市场交易协会三部门对广义企业债券发行进行多头监管，导致对企业债或公司债名称使用的多元化。国家发展改革委员会行使对企业债券发行的监管；银行间市场交易协会行使对超短融、短融券、中票和中小企业集合票据等的核准与监管；证券监督管理委员会负责公司债和可转债的审批。根据这一发行管理权力的划分，由国家发展和改革委员会负责监管的债券被命名为企业债，其余企业发行的债券另取别名。本研究将《国务院批准中国人民银行〈关于企业债券改由国家计委审批的请示〉》文件中所指的企业发行债券定义为狭义企业债。狭义企业债是指非上市企业在银行间债券市场或交易所发行，由国家发改委审批（后改为核准），约定在一定期限内还本付息的有价证券。

根据 2007 年发布的《公司债券发行试点办法》，将在沪深交易所上市股份有限公司和境外上市的境内股份有限公司发行企业债的监管权力改由证券监督管理委员会行使，并将此类企业债券称为公司债，其实质上为"上市公司债券"。根据有关规定，公司债只能在交易所上市交易，狭义企业债可以同时在银行间市场和交易所市场跨市交易，或仅在银行间市场交易。因此，交易所交易企业债的交易对象就包括狭义企业债和公司债。

　　根据规定，狭义企业债券可进一步细化为股份公司发行的企业债券和非股份公司发行的企业债券，二者都可以在交易所交易。上交所和深交所《公司债券业务指南》中也都明确规定"在非公司制法人所发行的企业债券的上市交易，参照本规则执行"①。但事实上，由国家发展和改革委员会核准发行的企业债券中，非公司制企业鲜有债券发行。因此，狭义企业债事实上均属于"非上市公司债"。由此可知，"企业债券"与"公司债券"均为公司制法人主体发行，目前二者只是核准机构不同。

　　关于在交易所交易公司债和企业债之统一称谓，目前也不尽相同。在上证联合研究计划课题报告《交易所公司债券市场发展研究》中，使用了"交易所公司债"这一称谓②。但是，上交所在"上证企债指数"和"上证企债30"的命名中，又将二者统称为"企业债"。为了和"上证企债指数""上证企债30"指数收益率指标保持一致，本书使用"交易所企业债"作为交易所交易"企业债"和"公司债"二者的统称。此外，第一，考虑可转债兼具债券和股票的特性，其价格波动受到转股价格、转换比率和转换期限等的影响，和非股权连接企业债定价具有较大差异，本研究将其从交易所企业债中剔除。第二，考虑一年内到期企业债属于货币市场债券，其同资本市场债券波动特点也存在较大差异，本研究也不将其包含在交易所企业债范围之内。

　　综上所述，如果不做特殊说明，本研究将在交易所交易的一年期及以上的企业债和非股权连接公司债统称为交易所企业债券。该范围和"上证企债指数"和"上证企债30"的范围保持一致。广义企业债、狭义企业债和交易所企业债的具体比较如表1-2所示。

---

　　① 上交所网站：http://www.sse.com.cn/assortment/bonds/corporatebond/rules/c/sseruler20100419a.pdf。

　　② 上海证券联合课题组：《交易所公司债券市场发展研究》，2012年。http://www.sse.com.cn/researchpublications/。

表 1-2 广义企业债、狭义企业债和交易所企业债比较

类型	发行主体	监管部门	交易市场	范围举例
广义企业债	股份公司 非股份公司	银行间市场交易协会、发改委、证监会	银行间市场 交易所	狭义企业债、公司债、短期融资券、中期票据、分离债、资产支持证券、私募债、次级债等
狭义企业债	非上市股份公司、非股份公司	发改委	银行间市场 交易所	狭义企业债
交易所企业债	非上市股份公司、非股份公司、上市公司	发改委、证监会	交易所	在交易所交易的一年期及以上的企业债和非股权连接公司债

资料来源：根据上文整理。

狭义企业债（注：实质上为"非上市公司债"）和上市公司债已成为中国当前负债直接融资的主体部分。2000—2012 年，狭义企业债发行规模从 85.30 亿元提高到 66 499.31 亿元，增长 75.19 倍，到 2019 年末，狭义企业债发行规模下降到 3 624.39 亿元。自 2007 年公司债开始发行以来，一直持续快速增长，2012 年末发行规模已达 2 602.23 亿元。2012 年二者发行规模之和较 2000 年增长 106.7 倍，而同期国债仅增长 2.13 倍，债券发行总规模也仅增长 11.65 倍。狭义企业债增速远高于国债和债券发行总规模，企业债占国债发行量的比重从 1.85% 提高到 45%。狭义企业债券与公司债之和同国债相比则高达 63.03%。同期，狭义企业债占债券发行总规模之比也由 1.33% 提高到 8.03%。到 2019 年公司债发行规模为 25 438.43 亿元，是 2012 年的 9.78 倍，狭义企业债和公司债的发行规模之和为 29 063.02 亿元，是 2012 年的 3.19 倍。狭义企业债券和公司债之和同国债相比则高达 69.79%。同期，狭义企业债占债券发行总规模之比却由 8.03% 降低到 2.79%。而 2007—2012 年，公司债增长 22.23 倍，占债券发行总规模之比也由 0.14% 提高到 3.22%。2012—2019 年，公司债增长 9.78 倍，占债券发行总规模之比也由 3.22% 提高到 19.57%。2000—2019 年几种债券发行规模及占比的比较如表 1-3 所示。

表1-3 2000—2019年狭义企业债、公司债与其他类型债券发行规模及占比比较

年份	狭义企业债			公司债			中期票据	短融券	可转债	国债	企业债/国债	合计
	金额(亿元)	占比(%)	环比(%)	金额(亿元)	占比(%)	环比(%)	占比(%)	占比(%)	占比(%)	占比(%)	(%)	(亿元)
2000	85.30	1.33	—	—	—	—	—	—	0.45	72.2	1.85	6 398.30
2001	129.00	1.73	51.23	—	—	—	—	—	0	62.84	2.75	7 452.53
2002	325.00	2.67	151.94	—	—	—	—	—	0.34	54.28	4.92	12 161.70
2003	328.00	1.54	0.92	—	—	—	—	—	0.87	39.9	3.86	21 309.07
2004	272.00	0.93	−17.07	—	—	—	—	—	0.72	28.49	3.28	29 113.23
2005	604.00	1.35	122.06	—	—	—	—	3.24	0	17.92	7.52	44 799.94
2006	615.00	1.02	1.82	—	—	—	—	4.85	0.07	16.37	6.24	60 188.61
2007	1 109.35	1.36	80.38	112.00	0.14	—	—	4.10	0.13	28.87	4.70	81 732.89
2008	1 566.90	2.14	41.24	288.00	0.39	157.14	2.38	5.93	0.11	11.78	18.19	73 113.76
2009	3 252.33	3.74	107.56	734.90	0.84	155.17	7.95	5.30	0.05	18.87	19.81	87 005.14
2010	2 827.03	3.02	−13.08	511.50	0.55	−30.40	5.31	7.37	0.77	19.12	15.81	93 524.85
2011	2 485.48	3.18	−12.08	1 291.20	1.65	152.43	10.49	13.00	0.53	19.72	16.12	78 196.79

续表

年份	狭义企业债			公司债			中期票据	短融券	可转债	国债	企业债/国债	合计
	金额（亿元）	占比（%）	环比（%）	金额（亿元）	占比（%）	环比（%）	占比（%）	占比（%）	占比（%）	占比（%）	（%）	（亿元）
2012	6 499.31	8.03	161.49	2 602.23	3.22	101.54	14.41	18.97	0.20	17.84	45.00	80 940.08
2013	4 748.3	10.09	−26.94	4 748.30	10.09	82.47	14.83	34.29	1.16	36.01	28.02	47 052.55
2014	6 908.5	11.91	45.49	1 407.53	2.43	−70.36	16.85	37.67	0.55	30.60	38.93	58 006.56
2015	3 405.8	4.24	−50.70	10 283.55	12.79	630.61	15.83	40.81	0.12	26.21	16.16	80 397.49
2016	5 875.7	5.36	72.52	27 859.68	25.40	170.91	10.41	30.70	0.19	27.95	19.17	109 696.04
2017	3 730.95	4.15	−36.50	11 024.74	12.27	−60.43	11.51	26.45	1.06	44.56	9.30	89 854.50
2018	2 418.38	2.31	−35.18	16 575.65	15.83	50.35	16.20	29.87	0.76	35.03	6.60	104 698.17
2019	3 624.39	2.79	49.87	25 438.63	19.57	53.47	15.63	27.90	2.07	32.04	8.70	129 961.50

资料来源：WIND资讯。

注：企业债包括集合企业债，中票包括结合票据。表中仅列出了部分广义企业债券融资项目。

1.3 选题背景及研究意义

1.3.1 选题背景

首先，债券市场是动员储蓄转化为投资的重要渠道，也是货币政策传导机制的构成部分，而企业债券是拓展企业融资渠道、优化融资结构和满足企业多元化投资的重要工具，这构成了本研究选题的理论背景。

广义债券融资和股票融资是企业直接融资的主要途径，债券市场和股票市场构成了一国资本市场的主体部分。根据资本结构优序融资理论，在存在信息不对称的情形下，为了规避逆向选择可能导致的投资过度或投资不足，企业最优融资顺序依次为内源融资、债券融资和股权融资。其中，内源融资包括公积金、公益金、未分配利润等留存收益项目和折旧。内源融资的优势是：不需要融资费用，也不会减少企业的现金流量；其不足是：内源融资额度有限，难以满足企业扩张需求。为了弥补内源融资规模有限的不足，企业通常都会寻求外源融资。在当代，外源援融资是成长型企业和大型企业的主要资金来源。企业在进行外源融资时，次优的理论选择是负债融资，权益融资则为最后选择的融资工具。

收益率波动研究是企业债券定价和金融风险防范的基础，也是债券市场发展的理论基础，已成为金融资产时间序列研究的热点问题之一。企业债券收益率波动具有记忆性，其分布表现出尖峰厚尾和波动丛聚的特点，当前相关研究已经取得丰富成果。但是，由于对企业债券波动重视相对不足和问题本身的复杂性，该领域的理论研究及其应用还需继续深化探索。

其次，交易所企业债市场是建设多层次资本市场的重要组成部分，构成了本研究选题的现实背景。

成熟完善的债券市场可以为金融体系提供巨大的流动性，为企业提供了筹措资金的便利渠道，对改善融资结构、降低金融系统风险和提高金融资源配置效率具有重要意义。在欧美日等金融市场发达的国家，债券市场规模通常要比股票市场大。例如，美国债券市场具有完善的交易机制，吸引了广泛的市场参与者。2010 年，美国公司债券募资规模超过 1 万亿美元，是股票募资额的 4 倍①。1998 年，亚洲金融危机以来，新兴经济体对债券市值和债券融资发展的重要性进行了重新审视，给予了高度重视。例如，1999 年，为了改善结算交易环境，澳大利亚证券交易所对未来债券市场的发展战略进行了重新规划。同年，为了大力拓展债券市场规模，香港联交所也对债券市场发展进行了重点规划②。

　　在中国，交易所企业债市场也被视为建设多层次资本市场的重要组成部分，其现实意义不断提升。1990 年上交所开业之始，就有 8 只股票、8 只企业债、5 只国债和 9 只金融债挂牌交易，企业债是交易所主要的上市交易品种之一。1997 年，为抑制股市投机，央行发文要求商业银行退出包括企业债在内的证券交易所交易，对交易所企业债市场发展产生了较大负面冲击。2004 年国务院发布了《关于推进资本市场改革开放和稳定发展的若干意见》，提出"鼓励符合条件的企业通过发行公司债券筹集资金，改变债券融资发展相对滞后的状况，丰富债券市场品种，促进资本市场协调发展。"此后，交易所企业债券市场发挥技术、服务、创新及人才优势，积极改革创新，推动了交易所债券市场快速发展。例如，2007 年，交易所公司债券市场的启动。同年，上海证券交易所颁布了《债券交易实施细则》《固定收益证券综合电子平台交易试行办法》，实现了交易所交易制度的完善。此后，一系列改革措施连续出台，发行主体、发行方式、审批和交易流程都实现了重大突破。

　　截至 2013 年末，交易所企业债券市场发行额、存管只数、存

---

　　① 金颖、高斌等：《美国、加拿大公司债券市场考察报告》，中国证券登记结算有限责任公司网站，第 1 页。http://www.chinaclear.cn/old_files/1352773678321.pdf。
　　② 上海证券交易所联合课题组：《我国交易所债券市场发展研究》，2010 年，第214 页。

管面值和流通市值分别为 3 339.25 亿元、1 504 只、14 813.51 亿
元和 14 626.78 亿元，分别是 10 年前（即 2004 年）的 89.86 倍、
45.58 倍、37.36 倍、39.9 倍。2019 年末，交易所企业债券市场
发行额、存管只数、存管面值和流通市值分别为 45.3 万亿元、
20 785 只、19.26 万亿元和 72.45 万亿元，分别是 2013 年的
137.27 倍、13.82 倍、13.00 倍和 49.62 倍，均实现了快速发展。
2011—2013 年，交易所企业债发行额均超过了 IPO 和增发额之
和。交易所企业债券已成为投资者进行投资组合的主要工具，也
是实现储蓄向投资转化和优化资源配置的重要路径，对推动利率
市场化和完善宏观调控传导机制也具有重要意义。2004 年、2013
年、2019 年交易所债券市场情况的比较如表 1-4 所示。

表 1-4　2004 年与 2013 年、2019 年交易所债券市场发展比较

年度	发行额（亿元）	存管（只）	存管面值（万亿元）	流通市值（万亿元）
2019	453 000.00	20 785	19.26	72.45
2013	3 339.25	1 504	1.48	1.46
2004	37.16	33	0.040	0.037
2019/2013（倍）	137.27	13.82	13.00	49.62
2013/2004（倍）	89.86	45.58	37.36	39.96

数据来源：根据 2004 年、2013 年《中国证券登记结算统计年鉴》整理
计算。

　　党的十八大报告提出"要加快发展多层次资本市场"，大力
发展债券市场也得到了高度重视。党的十八届三中全会《中共中
央关于全面深化改革若干重大问题的决定》指出"发展和规范债
券市场，提高直接融资比重"。2014 年，新"国九条"又提出应
积极发展债券市场，强化债券市场信用约束，深化债券市场互联
互通，加强债券市场监管协调。如上所述，交易所债券市场成立
以来保持快速发展，企业债发行、托管和交易已具备一定规模，
交易所企业债券对投资者、融资方和宏观调控管理部分的重要性

也已凸显，已成为中国企业债市场的重要组成部分，为研究交易所企业债市场收益率波动提供了实证基础。而研究成果又将对未来交易所企业债市场持续深化改革提供指导和借鉴，具有理论和实践互动良性发展的可能性。

1.3.2　研究意义

交易所企业债指数收益率波动研究对于计量市场风险、指导投资组合、识别市场有效性和评价资源配置效率都具有重要意义。目前，关于中国债券市场收益波动率的研究，虽然名为"债券收益波动率"，实则多以国债、银行间企业债或者广义企业债为研究对象，而单独以交易所企业债为研究对象的研究成果相对较少。事实上企业债和国债具有不同的信用基础，交易所债券市场同银行间债券市场具有不同的运行机制，根据金融资产定价理论和金融市场微观结构理论，将交易所企业债作为独立研究对象更利于准确反映债券市场的结构特点，也更具有实际指导意义。

1.3.2.1　交易所企业债具有作为独立研究对象的必要性

首先，从跨市场比较看，交易所债券市场交易机制不断完善，交易规模发展迅速，需要作为独立对象进行研究。交易所债券市场不同于银行间债券市场，其包括集中竞价系统、大宗交易系统和固定收益证券综合电子平台，既可以开展企业债券大宗交易，也适于中小普通投资者参与，市场化程度和投资人异质性程度相对较高。近年来，交易所积极推动债券市场的发展，先后推出了一系列创新举措和创新产品，市场流动性也明显提高。黄玮强和庄新田（2006）运用 VAR 模型对交易所国债指数和银行间国债指数进行计量分析，实证结果表明证券交易所具有较强的引导作用，交易所市场的价格发现效率高于银行间市场。[①] 上证联合研究计划课题组（2012）通过对历史波动率的计算证明，在指数层面，交易所企业债市场的波动性低于银行间公司债券市场。

---

① 黄玮强、庄新田：《中国证券交易所国债和银行间国债指数的关联性分析》，《系统工程》，2006 年第 7 期。

在跨市场个债比较层面，交易所企业债券的波动性也较低。课题组还证明"交易所市场波动率低的主要原因是其成交连续性好"[1]。该课题组还通过对加息事件和信用事件的对比分析，认为交易所企业债交易成交连续性较好、投资者结构也更加合理，能够对市场信息做出较快反应和处理，更具有定价效率[2]。还有更多的研究结论也支持交易所债券市场和银行间债券市场有不同的交易机制和市场表现，二者是分割市场，因此，根据微观市场结果理论，对二者分别进行独立研究存在必要性。

其次，从交易所债券种类内部比较来看，企业债券也需要进行独立研究。交易所债券市场包括国债、地方债、公司债、企业债、可转债、中小企业私募债和政策性金融债等品种。其中，公司债还可以分为普通公司债、可转债和分离债。这些债券种类众多，定价机理与波动影响因素存在一定差异，市场表现也不相同，需要独立开展研究。（1）利率债和信用债存在独立研究的必要性。国债、地方债和政策性金融债属于利率债，而公司债和企业债属于信用债，利率债和信用债之间的市场表现存在较大差异。根据债券定价理论，交易所企业债应具有独特的市场表现特点，现有对交易所国债的研究和交易所多种类债券混为整体的研究，并不能替代对交易所企业债的独立研究。（2）股权连接债和普通信用债存在独立研究的必要性。可转债和分离债属于股权连接企业债券，其定价和波动受到连接股票的影响，具有一定特殊性。债券投资实务中，交易所企业债指数和信用评级也均以投资级以上的非为股权连接企业债券样本。因此，对交易所企债指数波动率的研究也需要进行独立分析。

1.3.2.2　交易所企业债是计量交易所企业债市场风险和进行投资组合的前提

投资人设计投资组合进行资产管理的一般原则是：在期望风险一定的条件下，实现投资组合期望收益最大化，或者在期望收

---

① 上海证券联合课题组：《交易所公司债券市场发展研究》，2012 年，第 31 页。
② 同上，第 34 页。

益一定的条件下，实现投资组合期望风险最小化。投资组合过程就是风险和收益的均衡过程，因此，识别和计量期望风险是进行投资组合管理的基础工作。

金融资产的波动率（Volatility）包括价格的波动率、交易额的波动率和流动性的波动率等。其中，价格波动率一般用来衡量标的资产价格或收益率的波动程度，是金融市场风险的直接表现。方差表示样本的离中趋势，传统金融市场风险分析方法中，常用标准差或标准差系数来描述和度量金融市场风险的程度。例如，1952 年，哈里·马考威茨（Markowitz）在《证券组合选择》一文中，提出了用均值—方差来刻画投资组合的收益和风险。对风险和收益进行量化研究中，马考威茨提出用收益率均值方差模型建立投资组合的协方差矩阵。

但是，包括企业债在内的金融时间序列往往具有尖峰厚尾、波动丛聚和杠杆效应等特征，样本均值并不恒定，在不同时间段的方差并也不相同，存在时变特征。异方差的存在导致样本方差作为风险程度的计量指标近乎无意义，方差本身需要建立函数来解释。1982 年，罗伯特·恩戈尔（Robert F. Engle）在研究英国通货膨胀率时间序列时创造性地提出了条件异方差（ARCH）模型，用以刻画随时间而变异的条件方差。此后，学界对波动率模型的研究逐渐兴起，1986 年，波勒斯勒夫（Bollerslev）对 ARCH 模型进行了扩展，提出了影响更广的广义条件异方差（GARCH）模型。经过学界的不断完善发展，形成了 GARCH 模型族，成为金融时间序列研究的核心内容之一。随着交易所企业债券发行和交易额的增长，研究其不同时间的波动特征，从内在本质上识别其波动的原因，对于机构和个人投资者合理进行投资组合、度量和控制金融市场风险具有重要的意义，对于监管层制定政策与宏观调控也具有一定参考价值。

1.3.2.3 交易所企业债是识别交易所企业债市场有效性和分形性特点的基础

根据法玛（Fama，1970）对有效市场假说（EMH）的定义：

如果一个证券市场，证券价格能够完全反映所有可用信息，则称该市场为有效市场。根据"可用信息"范围的不同定义，市场的有效性又可以划分弱式有效性、半强式有效性和强式有效市场三种形式。其中，在强式有效市场，可用信息包括历史价格信息、所有公开可用信息和内部非公开的信息，即满足信息效率。因为，强式有效市场证券价格能够迅速反映以上和价格有关的可用信息，则收益率时间序列在统计上不具有"记忆性"，投资者也无法根据价格序列来预测其未来的走势。

收益率异象构成了"有效市场假说"的直接挑战。在对金融市场异象解释的探索中，代表性理论分形市场假说（FMH）产生了较大影响。分形（Fractal）原本的含义是不规则和支离破碎等。分形几何可以用于定量描述随机与确定、突变与渐变、有序和无序等复杂特征。埃德加·E. 彼得斯（Edgar E. Peters）（1991，1994）将分形理论、非线性动力系统理论和分数维时间序列理论引入金融市场有效性与波动性的研究，提出了分形市场假说（FMH）[1]。根据分形市场假说，投资者的预期并不完全相同和绝对理性（即具有异质性），信息不会引致投资者采取完全、及时、一致预期的行动，因此，金融市场有一定的随机性，又有一定的规律性，是具有分形、混沌等特性的复杂开放的非线性系统。

基于不同的假设，有效市场假说和分形市场假说对企业债波动率特点的描述存在较大差异。在有效市场条件下，企业债波动对信息的充分、无偏反应具有随机游走的特征。而在分形市场条件下，企业债券市场是具有长记忆性、正反馈性和非线性特性的系统，企业债券价格波动对初始值比较敏感，具有长记忆性。如果针对分形市场采取了有效市场假设下的因果关系进行调控，则很难取得预期效果，甚至会背道而驰。通过对交易所企业债指数收益率波动特征的识别，研究交易所企业债市场收益率波动特征

---

[1] ［美］埃德加·E. 彼得斯：《分形市场分析》，北京：经济科学出版社，2002 年。

和信息含量的关系，有助于深入认识交易所企业债市场的有效性水平及交易者的行为特点，为金融市场宏观调控提供依据。

1.3.2.4 交易所企业债是提升交易所债券市场资源配置效率研究的基础

金融市场和实体经济市场二者之间存在一般均衡关系。实体经济是金融市场发展的基础，而金融市场具有资本积累、资源配置、经济晴雨表和政策传递等重要功能，对实体经济有着重要影响。作为金融市场重要构成部分之一，交易所债券市场可以通过储蓄动员、资源配置促进实体经济发展。交易所债券市场资源配置功能的发挥是通过企业债券价格波动效应实现的。如果交易所企业债市场能够实现有效定价，则企业债券价格的波动就能够预警经济运行趋势，以及相关行业和企业的发展前景，激励资金从低效利用部门向高效使用部门转移，实现资源配置优化。

首先，交易所企业债券收益率绝对水平和有效波动有助于储蓄动员，支持实体经济总量发展。例如，2008 年金融危机以来，受投资者风险厌恶倾向提升，以及我国股票 IPO 定价机制失灵的影响，股票市场融资规模下降。与此相反，交易所企业债收益率具有较大的吸引力，在监管部门改变发行便利性的支持下，交易所企业债年度发行规模从 2006 年的 64.12 亿元跃升到了 2013 年的 3 339.25 亿元。而同期股票 IPO 和增发额却从 3 721.53 亿元下降到了 657.59 亿元。交易所企业债券发行规模的快速增长在一定程度上对冲了股票融资下跌对实体经济的冲击。

其次，交易所企业债券收益率相对水平和风险的变化，有助于吸引资金流向特定行业或企业，也有利于实现经济结构调整。例如，2008 年次贷危机以来，实体经济投资意愿回落，基础设施和公共服务项目投资成为稳定增长的重要部门。而基础设施和公共服务项目投资方一般信用度较高（至少在发债当年确实如此），因此，通过企业债发行获得了比银行和信托同期实际利率低的批量长期债券融资，既降低了企业融资成本，又优化了企业负债期限，推动了基础设施和公共服务事业快速发展，为落实稳定增长发挥了积极作用。

2013 年,《国务院关于金融支持经济结构调整和转型升级的指导意见》再次强调,"要优化金融资源配置""更有力地支持经济转型升级,更好地服务实体经济发展"。交易所企业债收益率的波动是实现价格真实反映内在投资价值的过程,因此,交易所企业债的资源配置功能的发挥和企业债收益率波动之间存在紧密关系。收益率度量的是金融资产的价格,风险则是对投资结果不确定性的度量。交易所企业债券收益率的波动程度将导致其风险大小变动,就可能打破投资组合中"收益—风险"的均衡,引致投资者重新进行资金配置安排,而金融资源总量和结构的变化又导致实体经济总量与结构的变化。适度的波动有利于实现动态均衡,产生资源配置的最优化,但过度波动将可能引发金融危机,导致投资锐减,降低全社会资产配置效率。

研究交易所企业债收益率波动特点及其解释,将为评价交易所企业债资源配置功能和完善交易所企业债交易市场发展提供理论和实证依据。

1.4 研究内容、方法和框架

1.4.1 研究内容

本书从五个方面对交易所企业债指数收益率波动进行了研究:第一,分析交易所企业债发展的历史与现状,对交易所企业债指数进行描述统计分析,为后文的计量研究及实证结果解释提供现实基础;第二,利用描述统计指标和 ARMA—GARCH 模型识别交易所企业债收益率波动的特点;第三,利用比较法和引入解释变量交易额,定量分析交易所企业债市场交易额与活跃度对指数收益率波动的影响;第四,利用 BEKK—MGARCH 模型定量分析股票指数波动溢出对交易所企业债指数收益率波动的影响;第五,定量分析货币市场拆借利率 Shibor 对交易所企业债指数收益率波动的影响。

各章研究内容概述如下：

第 1 章为绪论。首先，对研究对象和研究范围进行了界定，明确了本研究所指的企业债既不同于一般固定证券投资管理理论所指的广义企业债，也不同于监管的狭义企业债，而是指在交易所交易的一年期以上的企业债以及非股权连接公司债。在此基础上明确了交易所企业债波动率研究的背景和意义，确立了本研究要解决的问题、研究的内容、研究方法和研究框架。

第 2 章为相关理论及文献综述。首先，对企业债指数收益率进行了定义，然后将金融资产波动率估计研究概括为三个阶段，对各阶段研究的特点进行了概括。其中，对波动率研究的主流方法——GARCH 模型族的发展和估计方法进行了较细致的论述。其次，从微观市场结构、股票市场波动溢出和货币市场利率三个方面对企业债波动影响因素的研究现状进行综述，为下文构建基于市场层面解释企业债波动率的研究框架提供了理论基础。

第 3 章为交易所企业债市场的发展。首先，从融资途径拓展、利率市场化和降低金融系统风险三个方面论述了交易所企业债市场发展的意义。其次，对交易所企业债券市场的交易机制进行了概述。最后，对 2004 年至 2019 年 16 年间交易所企业债券市场交易制度创新，以及发行、存管和交易规模的增长情况进行了分析。

第 4 章为交易所企业债指数收益率波动的特点。首先，对交易所企债指数和指数收益率波动的特点进行了描述统计分析，初步识别其收益率分布具有尖峰厚尾、波动成群和杠杆效应现象。其次，利用 ARMA－GARCH 模型族对企业债指数收益率波动的特点进行计量估计，对其长记忆性、杠杆效应和风险溢酬效应的存在性进行了判别。

第 5 章为交易所企债市场本身市场交易情况对交易所企业债收益率波动的影响。基于微观金融市场结构理论的考虑，本部分以市场交易交易额和交易活跃度为解释变量，采用比较法、分阶段法和引入交易额建模法，对交易所企业债波动率的影响进行了识别，结论证明市场交易存量和交易活跃度均对交易所企业债收益率波动产生了一定影响。

第 6 章为股指波动溢出对交易所企债收益率波动的影响。基于金融市场波动溢出理论的考虑，本部分主要分析了股指波动率对企债指数波动率的影响。首先，对上证综指收益率波动和企债30 指数收益率波动的描述性统计特征进行了比较。其次，建立BEKK－MGARCH 模型，采用计量方法分析了上证综指收益率波动和企债 30 指数收益率波动之间的溢出关系。实证结论支持二者之间存在一定溢出关系，但是，溢出程度相对非常微小。此外，无论是交易额还是市场指数价格，股债之间的跷跷板效应并不确定，具有时变特点。

第 7 章为 Shibor 波动对企债收益率波动的影响。基于企债定价理论和弗里德曼、帕廷金的货币政策传导理论的考虑，本部分以 Shibor 为解释变量，估计货币市场基准利率 Shibor 对企债指数收益率波动的影响。首先，描述统计分析的结果表明，Shibor和 Shibor 波动率与企债 30 收益率之间并无确定关系。其次，Shibor 波动率是企债 30 指数收益率的格兰杰因果关系，但是，从脉冲响应函数和预测方差分解来看，Shibor 波动率对企债 30指数收益率的影响几乎忽略不计。此外，将 Shibor 波动率引入企债 30 指数收益率均值方程，GARCH－Shibor 模型参数估计结果变化不足 0.1%，并无实质性影响。而据 Copula 函数，股指波动率与企债指数波动率之间有显著的正相关关系。由此可见，股指波动率与企债指数波动率之间具有较为复杂的关系。

第 8 章为结论与对策建议。归纳了全书主要研究结论，提出了政策建议，阐述了未来可能的研究方向。

1.4.2　研究方法

本书主要利用经济学、统计学、固定收益证券和金融计量学专业理论与方法，综合采用比较分析法、描述统计分析法和时间序列计量分析法对研究主题进行了研究。

第一，比较分析法。

本研究多次利用比较分析法，主要有以下几个方面：（1）通过对普通企业债和利率债、股权连接债的比较，提出存在对企业债进行独立研究的必要性。通过对交易所企业债市场和银行间企业债市场的比较，提出存在对交易所企业债进行单独研究的必要性。（2）通过对2006—2009年、2009—2013年和2013—2019年上证企债指数收益率波动特点的分阶段比较，识别市场交易规模对波动的影响。通过对2009—2019年上证企债指数收益率与上证企债30指数收益率波动特点的比较，识别流动性对波动的影响。（3）通过对日Shibor、周Shibor和上证企债指数收益率波动关系的比较，识别长短期利率对交易所企业债波动率的影响。（4）通过对描述统计和时间序列计量分析结果的比较，力求实现提升对抽象计量结果的直观解释能力。（5）对交易所企业债发展进行了横向和纵向比较，分析研究的必要性与可行性。此外，在大框架下，文中具体研究部分也普遍使用了比较分析法，例如，不同GARCH模型族优良估计水平的比较、上证综指收益率波动特点与上证企债30指数收益率的比较等。

第二，描述统计分析法。

本书的研究变量包括"价"和"量"两个方面。和"价"有关的变量主要包括：以上证企债指数（代码000013）、上证企债30（代码000061）、上证综合指数（代码000001）和年Shibor为样本，计算其日复利收益率。和"量"有关的变量主要包括：以上证企债指数成交额、上证企债30成交额为样本，计算其增长率。以上指标的样本数据均来自WIND数据库，此外，文中关于交易所企业债发展和比较的部分数据资料来自中国证券登记结算公司《统计年鉴》、上海证券交易所《市场数据》和中央结算公司《统计月报》等。

本研究对以上变量的平均数、标准差、增长率、标准差系数、偏度值和峰态值等描述统计变量进行了计算，并进行了横向或纵向比较，用直接、制图或汇总方法分析了有关变量的分布特点，以及识别其发展规律。

第三，金融时间序列分析法。文中采用了自回归移动平均模型（ARMA）、广义条件异方差模型（GARCH）、二元 BEKK-GARCH 模型、向量自回归模型（VAR）和格兰杰因果检验（Granger Cause）等方法，识别交易所企业债指数收益率波动的特点及市场层面因素对其波动的影响。其中，广义条件异方差模型 GARCH 还加入了交易额对数增长率（V），建立了 GARCH-V 模型。

此外，本研究还用到了理论分析法，构建了基于市场层面因素，解释交易所企债收益率波动的研究框架。

1.4.3 研究框架

本研究围绕交易所企业债指数收益率波动特点及其成因两个方面展开，全书分四个层次八个部分进行了论证（见图 1-1）。

第一层次（第 2、3 章），文献综述和交易所企业债市场发展，二者分别构成了分析和理解交易所企业债收益率波动的理论与现实背景。其中，文献综述部分主要论述了两个方面的内容：企业债收益率波动研究理论、方法及实证结果。

第二层次（第 4 章），交易所企业债指数收益率波动特点分析。以 2003 年 6 月 9 日至 2019 年 12 月 31 日上证企债指数收盘价为原始样本，计算上证企债指数连续复利收益率。分别采用描述统计和 ARMA－GARCH 模型族对交易所企业债指数收益率波动特征进行计算与刻画。

第三层次（第 5、6、7 章），交易所企业债指数收益率波动成因分析。基于微观市场结构理论、金融市场间溢出理论和债券定价理论等，构建了基于市场因素解释企债收益率波动的分析框架。使用自回归移动平均模型（ARMA）、广义条件异方差模型（GARCH）、二元 BEKK-GARCH 模型、向量自回归模型（VAR）和格兰杰因果检验（Granger Cause）等模型分别分析交易额、活跃度、股价波动和 Shibor 对交易所企业债指数收益率波动的影响。

第四层次（第8章），结论与对策建议部分。

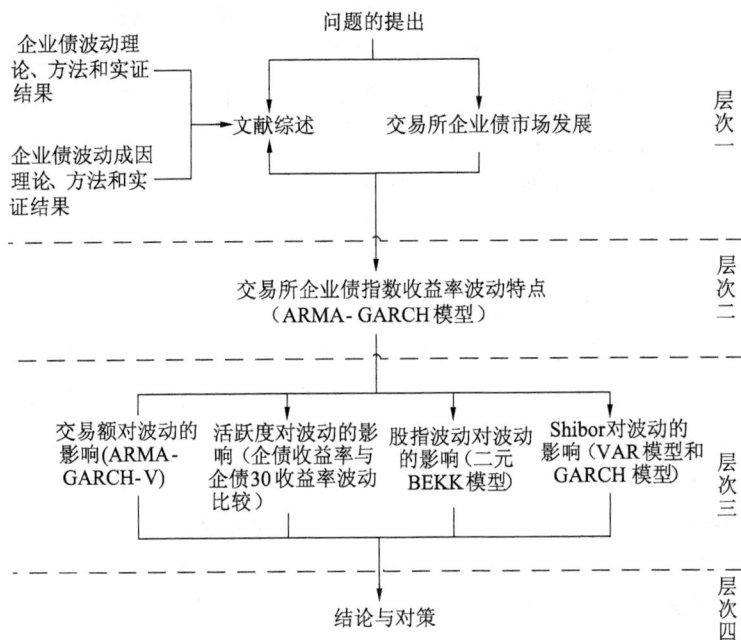

图 1-1　本书研究框架图

1.5　可能的创新之处

首先，在研究对象方面，提出了应对交易所企业债收益率波动进行独立研究的观点。本书认为，无论是从中国交易所和银行间债券市场交易机制的差别来说，还是从交易所企业债发展现状，以及金融市场微观结构理论考虑而言，对交易所企债波动进行独立研究都有必要性与可能性。以交易所企业债为独立研究对象，对固定收益证券投资、资产组合具有微观层面的意义，对提升货币政策传导效率与建设多层次资本市场具有借鉴意义。

其次，在研究方法方面，本书构建了关于包含交易额、基准利率的 GARCH 模型族，尝试用交易额、基准利率解释交易所企业债指数收益率的波动，探究微观市场结构和货币市场基准利率和交易所企业债市场之间的关系，对后续研究和实践指导具有一定意义。此外，本研究将相对直观的描述统计分析和复杂抽象的时间序列分析有机结合，尝试克服因方差"不易观察"导致的抽象性与复杂性。尽管这构不成研究创新，但或可勉为特色之一。

第三，在研究框架方面，存在两点可能的创新。

首先，本书通过分时间阶段研究和差异化选取企债指数的方法，分析了交易额和活跃度对交易所企债波动特点的影响，并得出了有重要意义的结论。通过两个阶段和不同指数间收益率波动的比较分析，发现 2009 年之后，企债指数收益率波动记忆性更强，市场新息的冲击反而趋弱，并且产生了杠杆效应。而同期企债 30 收益波动率并无杠杆效应，波动的长记忆性也相对较小，市场新息对下期波动率的冲击实现了较大提升。结果证明交易额波动率和活跃度对企债收益波动率具有重要意义。

其次，本书以金融微观市场理论、金融市场间溢出理论、债券定价理论和帕廷金剩余货币理论等为依据，构建了交易额、活跃度、股指波动溢出、Shibor 为解释变量的研究框架，探究交易所企债指数波动成因，分析债券市场微观结构、股票市场、货币市场三市场层面因素对企债收益率波动的影响。

之后的实证分析也"戏剧性"地支持了这一研究构架的合理性。一方面，有些变量同交易所企债收益波动率存在紧密关系，另一方，由于关系不够紧密或者变量变动较弱，对交易所企债收益波动率的冲击不大。"存在关系"表明理论框架设计是合理的，而"冲击不大"又有效地解释了长记忆性是主导波动特点的关键因素这一现状，说明模型具有较强的解释能力。

相关关系为：交易额波动率和活跃度对企债收益率波动具有一定影响，但是，近年来，交易所企债市场交易额波动趋于减弱，二级市场交易活跃度也无明显改善，因此，二者对企债收益波动率的影响不够突出。股指波动溢出效应和 Shibor 波动对企债收益波动率的影响系数十分微小，即使发生较大变化，也很难对交易所企债收益波动率产生实质性影响。可见，长记忆性能够主导交易所企业债收益波动率的统计解释是，微观市场结构层面变量的影响系数较大，但是，变量本身变动微弱，难以发挥作用。市场间溢出和货币政策层面的变量变动较大，但是，这些变量和交易所企债收益波动率之间又不存在理论上的紧密关系。

第四，得出了一些既能揭示交易所企业债收益波动率特点，又具有现实意义的结论。（1）交易所企业债收益时序的异方差过程存在正反馈条件，波动对初始值敏感，对市场随机因素不够灵敏，波动率具有长记忆性和混沌特征，但不具有风险溢酬效应和杠杆效应；（2）交易额波动率和活跃度的改善有助于降低企债收益率波动的长记忆性，增强对市场随机新息的反应强度，也有助于消除杠杆效应。（3）股债指数收益率波动之间存在一定溢出关系，但它既不稳定，也相对较弱，多数时间是围绕零值附近上下频繁波动。联合冲击对协方差的敏感度远大于新息的冲击，存在相对较大的杠杆效应。（4）Shibor 波动率与企债 30 收益波动率具有统计意义上的显著性，但是，从估计值大小来看，Shibor 的影响可以忽略不计。

研究结论的应用意义见第 8 章"研究结论的应用"部分。

第五，除了交易所企业债市场市场化不足和市场发展程度较低之类的普遍原因之外，也提出了一些新观点对债券市场波动特点进行解释。首先，提出了决策前风险厌恶型投资者，向投后风险中性投资者转化的观点。一般认为投资级债券投资者为风险厌恶型投资者，但是，债券投资者受债券市场流动性不足、风险事件罕有发生、被动资产配置和企业债市场信息获取成本较高等原因影响，投后投资者往往是风险中性投资者，对市场风险的关注度和预期参与都十分有限。其次，债市长期牛市期间，没有活跃的交易配合，债券投资者的市场行为将发生一定改变，利好的边际效用小于利空的效应，会导致波动的杠杆效应。

2 相关理论及文献综述

2.1 企业债收益率的定义

企业债收益由债券利息、资本利得和利息再投资收入三部分构成。企业债收益率是证券投资绩效的衡量指标，包括息面收益率、即期收益率（Current Yield）、持有期收益率（Holding Period Rate）和到期收益率（Yield to Maturity）等多种定义。其中，票息收益率（也称名义收益率）反映了债券发行时约定的债券息票利率，计算式为债券年利息/债券面值。即期收益率（也称当期或真实收益率）是指发行时约定的每年支付息票利息除以债券的现行市场价格，计算式为债券年利息/债券买入价。

持有期收益率是指持有债券期间获取的利息率和从二级市场买卖中获取的资本利得收益率之和。如果持有期小于一年，持有期收益率则采取单利计算：

持有期收益率＝［（债券卖出价 － 债券买入价）＋ 持有期间
利息收入］/ 债券买入价

持有期收益率＝持有期收益率 / 债券实际持有天数 ＊360

如果持有时间大于一年，持有期收益率则为使债券利息现值与债券本金现值之和等于债券买入价的贴现率，即未来现金流入现值等于当前现金流出量时的内含报酬率。持有期收益率采取复利进行计算，并需区分到期一次还本付息和分期付息、到期还本两种情形进行计算。

到期收益是持有期收益率的一种特殊情形，是指将债券一直持有到偿还期时所获得的内含报酬率。持有期收益率和到期收益率理论计算公式相近，但是，持有期收益率随债券市场价格的变化而变化，到期收益率则为常数。

债券收益率理论计算公式相对简单，而在实务工作中需要考虑的因素相对复杂，计算公式具有多样化和复杂化的特点。例如，为了准确反映债券市场债券收益率的变动水平，2001 年，中国人民银行就曾专门发布了《关于统一采用债券收益率计算方法有关事项的通知》，2004 年再次发布了《关于全国银行间债券市场债券到期收益率计算标准有关事项的通知》，统一债券收益率的计算方法，以促进债券收益率曲线的合理形成。交易所债券交易也参照做了相应的完善与修订。

在理论研究和实务工作中，人们会根据实际需要区别债券收益率，给予不同的关注与重视。例如，根据《关于统一采用债券收益率计算方法有关事项的通知》，银行间债券市场业务交易系统和中国人民银行债券发行系统就以债券到期收益率作为计算债券收益率的标准。而著名的 CRSP 数据库更加重视持有期收益率。

市场综合指数能够反映金融市场整体活动的表现，为投资者提供业绩衡量标准和市场分析工具，并为指数化产品投资者提供新的投资标的，因此，指数收益率一直被理论研究者和实务工作者高度关注。指数收益率属于持有期收益率的范畴，根据计算方法又可以分为简单收益率和连续复利收益率（也称对数收益率）。由于价格的时间序列一般都含有时间趋势成分，而收益率往往是平稳时间序列，Campbell et al.（1997）的研究就证明使用连续复利收益率不仅简化了数学计算，而且简化了收益率统计特征的计量建模分析过程，具有更多吸引人的统计特征[1]。廖文辉和张学奇（2010）也证明连续复利收益率具有许多优势，特别是对时

---

[1] 转引自汪昌云、戴文胜和张思成：《金融计量学》，北京：中国人民大学出版社，2012 年，第 5 页。

间序列分析而言[①]。

基于以上理由，对交易所企业债指数收益率的计算，本研究采用连续复利收益率计算法：

$$r_t = 100\% \times \ln(P_t / P_{t-1})$$

其中：r_t 代表企业债或股票等金融资产指数的复利收益率，P_t 代表第 t 期企业债或股票等金融资产指数。

除了以上提及的优势外，连续复利收益率还能够消除指数时间序列频率不同对收益率的影响，这对本研究具有重要意义。金融时序变量由时间跨度和序列频率两个要素构成。本研究以日收益率为样本，但受节假日的影响，交易所债券市场、股票市场和货币市场的交易间隔并非均匀的，只有交易时才有数据，这会导致样本数据频率并不相同。而连续复利收益率具有可加性，观察频率并不重要，可以较好地弥补这一缺陷，满足本研究的需要。

2.2　收益率波动计量研究的进展

2.2.1　波动率研究概述

能否对市场波动做出准确的刻画和预测，直接关系到风险管理的有效性和金融资产定价的合理性。但是，不同于金融资产收益率的均值，波动率不易被直接观测到。这一特点导致对波动率建立函数进行解释的研究相对较晚。直 20 世纪 70 年代末以来，关于股票、外汇和债券等金融资产波动率模型的研究才成为金融时间序列研究领域的关注点之一。并且，不易观测这一特点也导致估计方法的多样性和复杂性。根据主流统计方法的不同，可以将对金融资产波动率的研究概括为三个阶段。

阶段一：以样本方差作为波动率主流计量方法的研究阶段

早期关于波动率的研究相对简单，通常假设金融资产收益率

---

① 廖文辉、张学奇：《金融计算与建模实验》，北京：经济科学出版社，2010年，第3页。

时间序列为独立同分布，使用描述统计中的变异指标样本标准差或方差来估计金融资产收益率的波动性。

其主要思想为：设金融资产收益率 $\{R_t\}$ 为独立同分布 (iid.)，样本期内收益率 $\{R_t\}$ 服从正态分布 N (μ, σ)，则 $\{R_t\}$ 联合分布 (F) 关于条件分布的乘积形式为：

$$F(R_1, R_2, \cdots, R_T) = F(R_1) \cdot F(R_2 \mid R_1) \cdot F(R_3 \mid R_1, R_2) \cdots \cdot F(R_T \mid R_1, R_2, \cdots, R_{T-1})$$

因 $\{R_t\}$ 服从独立同分布，所以，条件分布 $F(R_t \mid \cdot)$ 等于其边缘分布 $F(R_t)$。在独立同分布的假设条件下，时间序列 $\{R_t\}$ 的无条件均值和方差均为常数，分别为 $\hat{\mu} = \sum\limits_{t=1}^{T} R_t / n$ 和 $\sigma^2 = \sum\limits_{t=1}^{T} \dfrac{(R_t - \overline{R})^2}{n-1}$，并且为总体参数均值和方差的无偏估计量，样本方差 $\sigma^2 = \sum\limits_{t=1}^{T} \dfrac{(R_t - \overline{R})^2}{n-1}$ 和样本标准差 $\sigma = \sqrt{\dfrac{1}{n-1} \sum\limits_{t=1}^{n} (R_t - \overline{R})^2}$ 是衡量收益率偏离其期望值程度（即波动或风险的大小）的优良估计量。

在恒常波动率假设条件下，方差与时间为正比例关系，所以，波动率与时间的平方根成正比。设债券指数收益率年波动率为 R_{year}，则 t 个交易内债券指数收益率每日的标准差近似为 $\sigma_{day} = \sigma_{year} / \sqrt{t}$。直到 20 世纪 80 年代之前，条件分布为独立同分布这一经典假设都是研究金融时间变量的主流。经典理论资本资产定价模型（CAPM）、布莱克—斯科尔斯期权定价模型（Black—Scholes）和有效市场假说（EMH）等就均以资产价格服从正态分布、波动率恒定、遵从随机游走过程为研究前提。以样本方差作为收益波动率的估计量，其优势是计算简便，易于理解，所以，直到目前仍旧被广泛使用。例如，上海证券联合课题报告《交易所公司债券市场研究》（2012）就使用这一方法测度市场风险的大小。但是，样本方差（或标准差）仅仅是对波动率的静态估计，无法刻画金融资产收益率时间序列波动的时变特点，只能适用于对波动率估计精度要求不高的条件下。

阶段二：以广义异方差作为波动率主流计量方法的研究阶段

事实上，Mandelbrot（1963）、Fama（1965）、Morgan（1976）等人早在 20 世纪六七十年代就发现金融资产收益率（特别是日收益率）并不服从正态分布，独立同分布的假设并不符合事实。金融资产收益率时间序列分布的尾部往往较正态分布更厚，峰态较正态分布更高，即存在尖峰厚尾性特点。这一特点客观反映了收益率时间序列较小变化和较大变化出现的概率往往大于正态分布下的情况。还有的研究发现金融资产收益率具有群聚性和长记忆性，波动存在正反馈效应，大的（或小的）波动一旦形成就将持续一段时间才会消失。部分研究成果还发现波动具有杠杆效应，即利空和利好冲击对波动产生的影响并不对称，利空冲击对波动产生的影响往往更大。部分研究成果还证明波动具有均值回复性，回报的波动性在长期会向某一平均水平收敛。

随机误差序列的方差会随着时间变化而变化的现象被称为异方差。忽视异方差的存在会导致残差的方差被严重低估，增大参数显著性检验犯取伪错误的可能性，使得参数显著性检验失去意义。这一结果又会导致估计模型的拟合精度受到较大影响，对理论研究与预测失去应有价值。

传统计量经济学模型关于金融资产收益率同方差的假设与实际严重不符，并不适用于描述金融市场收益率的波动性，需要新的理论和动态模型进行解释与刻画金融资产收益率的波动性。在估计金融资产收益率波动的一系列动态模型中，"移动平均、指数平滑和广义自回归条件异方差模型在实际中应用最成功、最常用"[①]。简单移动平均模型（AMA）是以过去 M 天收益样本方差的简单算术平均数来估计即期的波动率。AMA 模型计算简单，但是，赋以前期滞后项相同的权重，忽略了观察值的动态顺序。而加权移动平均模型（EWMA）则认为方差的估计值与观察值的

----

① 唐勇：《金融计量学》，北京：清华大学出版社，2007 年。

动态顺序有关，越久远的数据越具有低的代表性，其权重也就越小。即期方差是滞后期方差和权重共同影响的结果。第 t 期指数移动平均波动率的定义为：

$$\sigma_1^2 = (1 - \lambda) \cdot \sum_{i=1}^{\infty} \lambda^{i-1} \varepsilon_{t-i}^2$$

其中：λ 为衰减因子（Decay Factor）（$0 < \lambda < 1$），反映历史信息对于未来波动的影响随时间间隔增大而衰减的速度。EWMA 模型计算简单，并通过引入衰减因子捕捉了波动性的聚集效应，降低了"幽灵效应"（Ghost Effect），提供了一个估计波动率的较为实用方法。但是，λ 取值的设定相对困难，并且 λ 保持常数显然与市场的时变波动特征相抵触，影响了其实际应用价值。

20 世纪 70 年代末以来，随着 ARCH 模型和 GARCH 模型的提出与完善，标志着对金融资产波动时变性和异方差性的研究取得了实质性突破，并逐渐成为波动率测度领域的主流方法。针对金融收益率的特点，Engle（1982）创造性地提出了自回归条件异方差（ARCH）模型，Bollerslev（1986）把该模型一般化为 GARCH 模型，认为条件异方差是可预测的，既依赖于当前的波动（即新息），也依赖于历史的条件方差，比较准确地描述了金融时间序列的异方差问题。GARCH 类模型中信息集仅依赖于可观测变量，因此可以对其应用传统的极大似然法进行参数估计，极大地方便了统计推断，无论从理论研究的深度还是实证应用的广泛性上来说都具有绝对优势。为了刻画利好消息和利空冲击的不对称性，Zakoian（1991）和 Nelson（1991）在标准 GARCH 模型的基础上构建了 TARCH（又称 GJR 模型）和 EGARCH 等非对称 GARCH 模型。为了反映风险是否产生溢价，Engel（1987）构建了 GARCH-M 模型，在均值方程中加入条件异方差项，反映时间序列变量与风险度之间的关系。条件波动率模型层出不穷，构成了 GARCH 模型族，以更好地模拟某种特定的市场效应。GARCH 模型族至今仍处于波动率测度研究领域的主流地位。

阶段三：多元化计量方法快速发展的研究阶段

近年来，在 GARCH 模型族保持主流研究方法的同时，随机波动率模型（Stochastic Volatility Model）、隐含波动率模型（Implied Volatility Model）和高频数据（High-frequency Data）波动率模型相关理论和实证方法的研究与应用趋于活跃。

Taylor（1982）[①] 将随机波动原理应用到金融时间序列分析中，提出了随机波动模型（简称 SV 模型）。此后，和下文介绍的 GARCH 模型一样，围绕着理想的假设向现实的接近，学者们从各个方面提出对上述基本模型的扩展，也派生出系列的 SV 模型族。SV 模型和 GARCH 模型都属于历史波动（Historical Volatility），都是根据历史样本数据考核金融资产收益率的波动特征。但是，GARCH 模型将波动率视为观测值的平方项和前期条件方差的确定函数，而 SV 模型在波动率方程中引入一个新的随机变量，波动率由潜在的不可观测的随机过程所决定。波动率作为一个不可观测的潜在变量，这符合实际的金融序列的性质。比较而言，当存在异常观测值时，GARCH 类模型估计的波动性序列将不很稳定，GARCH 类模型对于长期波动性的预测能力也较差。但是，由于 SV 模型中波动率过程是潜藏的，与 ARCH/GARCH 类模型相比，SV 模型的估计要复杂得多。尽管众多学者不断在尝试提出各种不同类型的估计方法，但实际数据采用不同方法估计的结果存在较大差异，影响了其应用，SV 模型始终没有像 ARCH 模型族一样成为被金融理论界与实务界所普遍使用的波动率测度方法。

隐含波动率（IV）是利用在现实市场中观察到的期权价格数据和通过 Black-Scholes 公式或二叉数模型的估计值，反推出与现实期权价格一致的标的资产波动率。假定期权价格在能够有效反映市场参与者对标的资产未来价格的一种心理预期，则隐含波动率能够反映投资者对于未来市场波动率的预期，属于"向前看"

---

① Taylor S J. Modeling stochastic volatility: A review and comparative study[J]. Mathematical Finance. 1994,4(2): 183－204.

（Forward-looking）类金融资产波动。尽管隐含波动率具有非常良好的理论出发点和实证表现，但其也存在明显不足：一是波动率测度精度严重依赖于所使用的期权定价公式的正确性；二是只能运用于具有相应期权产品的资产波动率度量，因此，它也没有像 GARCH 模型族一样得到广泛应用。

高频数据波动也被称为现实波动率（RV），是指利用现代信息技术手段精确计量金融市场日内收益数据波动特征的方法。Andersen and Bollerslev（1998）提出了实现波动率概念，指出使用交易日内的高频数据将大大降低测量误差和噪声问题的影响，能够对波动率获得更精确的描述[1]。但是，Ait-Sahalia and Mykland（2005）的研究显示了市场微观结构的存在，在微观结构干扰存在条件下最优的采样频率问题也还需研究[2]。Dong Wan Shin（2018）[3] 和 Liu et al.（2019）[4] 也指出 RV 估计及建模还面临实质性的难题，基于高频数据的 RV 也无法完美避免市场微观结构噪音的影响，因此更为合理的 RV 动力学模型还处于进一步发掘阶段。

2.2.2　广义自回归条件异方差模型族及其估计方法

2.2.2.1　广义自回归条件异方差的基础模型

如果条件方差不再是经典理论假设条件下的同方差，而是具有时变特点的异方差，则金融资产收益率 $\{R_t\}$ 的方差也就不是常

① Andersen T G and Bollerslev T. DM-Dollar volatility：intraday activity patterns，macroeconomic announcements，and longer-Run dependencies［J］. Journal of Finance，1998，（53）：219－265.

② Ait-Sahalia，Y，P Mykland.，L Zhang. How often to sample a continuous-time process in the presence of market microstructure Noise［J］. The Review of Financial Studies 2005（2）：255－421.

③ Dong Wan Shin. Forecasting realized volatility：A review［J］. Journal of the Korean Statistical Society，2018（47）：395－404.

④ Yufang Liu ，and Weiguo Zhang，Junhui Fu，Xiang Wu. Multifractal analysis of realized volatilities in chinese stock market ［J］. Computational Economics，2019（prepublish）：1－18.

数。其方差就是在 t 时间信息集下的可测函数，研究金融资产收益率（R_t）的波动性估计需要研究各类情形下的条件方差模型。

ARCH 模型的出发点是：在不使用特定变量 x_t 或数据转换的情况下，同时对序列的均值和方差进行建模。首先设融资产收益率 $\{R_t\}$ 的均值方程为：$R_t = a_0 + a_1 R_{t-1} + \varepsilon_t$，则预测值 $\hat{R}_{t+1}$ 的条件均值为 $E_t R_{t+1} = a_0 + a_1 R_t$。用该条件均值预测 $\hat{R}_{t+1}$ 的预测误差方差为：$E_t[(R_{t+1} - a_0 - a_1 R_t)^2] = E_t \varepsilon_{t+1}^2 = \sigma^2$。

若用 $\{\hat{\varepsilon}_t\}$ 表示模型 $R_t = a_0 + a_1 R_{t-1} + \varepsilon_t$ 的残差估计值，那么 R_{t+1} 的条件方差为：$\mathrm{var}(y_{t+1} \mid y_t) = E_t[(y_{t+1} - a_0 - a_1 y_t)^2] = E_t(\varepsilon_{t+1})^2$。

假设条件方差不确定，设其为残差估计值平方的 q 阶自回归过程，即

$$\hat{\varepsilon}_t^2 = a_0 + a_1 \hat{\varepsilon}_{t-1}^2 + a_2 \hat{\varepsilon}_{t-2}^2 + \cdots + a_q \hat{\varepsilon}_{t-q}^2 + v_t$$

该式则被称为自回归条件异方差（ARCH）模型。ARCH 模型的核心思想是：残差项 ε_t 的条件方差依赖于它的前期值 ε_{t-1} 的大小。Engle（1982）提出乘法条件异方差模型中最简单的一阶 ARCH（1）模型为：$\varepsilon_t = v_t \sqrt{a_0 + a_1 \varepsilon_{t-1}^2}$。更一般地，$q$ 阶 ARCH（q）过程为：$\varepsilon_t = v_t \sqrt{a_0 + \sum_{i=1}^{q} a_i \varepsilon_{t-1}^2}$。

Bollerslev（1986）对条件方差建立了一个自回归移动平均（ARMA）过程，广义条件异方差（简称 GARCH（p，q））的基础模型为：

$$\begin{cases} \text{条件均值方程} \quad R_t = \beta x_t + \varepsilon_t \\ \text{条件方程方差} \quad \sigma_t^2 = \mathrm{var}(\varepsilon_t \mid \Omega_{t-1}) = a_0 + \sum_{i=1}^{q} a_i \varepsilon_{t-i}^2 + \sum_{j=1}^{p} \beta_j \sigma_{t-j}^2 \end{cases}$$

其中：Ω_{t-1} 为时间的信息集；$\mathrm{var}(\varepsilon_t \mid \Omega_{t-1})$ 为 ε_t 在给定时间内信息 Ω_{t-1} 的方差，表示根据前期信息为基础向前预测方差，即条件方差 σ_t^2。均值方程残差平方的滞后项（ε_{t-i}^2）用来度量滞后期波动率的信息，一般称其为 ARCH 项，参数 q 是 ARCH 项的滞后阶数。σ_{t-j}^2 是滞后期的条件异方差，一般称其为 GARCH 项，

参数 p 是自回归 GARCH 项的滞后阶数。

条件方差（σ_t^2）体现了新息出现的动态影响，灵活的滞后项 ε_{t-i}^2 弥补了 ARCH 模型无法描述自相关系数消退周期过长的缺陷。GARCH 模型的实际意义概述如下：

第一，GARCH（p，q）过程要求参数 $a_0 > 0$，$a_i \geqslant 0$，$\beta_i \geqslant 0$。ε_{t-i}^2（ARCH 项）测量的是波动率的短期记忆性效应，σ_{t-j}^2（GARCH 项）测量的是波动率的长期记忆效应[①]。因此，α 系数衡量了金融市场随机因素对未来波动的冲击程度，而 β 系数则衡量了波动率的持续程度。大的滞后系数 β 意味着对条件方差的冲击经过相当长一段时间才会消失，因此波动是持续的；大的回报系数 α 意味着波动性对市场运动反应迅速，因此波动性是长而尖的；常数项 α_0 决定了波动性的长期平均水平。

第二，GARCH（p，q）过程要求满足条件 $\alpha + \beta < 1$。$\alpha + \beta < 1$ 是保证 GARCH 类模型满足宽平稳性的条件，所以在随机因素冲击程度和波动率持续性程度之间就存在数值上的平衡。即为避免导致 $\alpha + \beta > 1$ 情况的出现，α 与 β 两者不能同时增加。

第三，指数加权移动平均波动率可以视为 GARCH 模型的一个特例，即 $\alpha_0 = 0$，$\alpha_1 + \beta_1 = 1$。它反映了当期波动率的预测值仅仅是前期预测值与最新观察值之和的结果。

2.2.2.2 对广义自回归条件异方差基础模型的扩展

GARCH 因其良好的统计特性和对波动现象的准确描述，具有更强的应用性，开辟了金融时间序列波动研究的新阶段，被广泛地应用于对金融时间序列数据，如利率、外汇汇率、通货膨胀率等的分析及预测中。实际应用中，围绕增强其对金融现象的解释性和估计的简约性，后续的研究不断完善与发展，形成了一系列以 GARCH 为基础的模型族。例如，Glosten，Jagannathan 和 Runkel（1989）提出了 GJR 模型，Hamilton 和 Susmel（1994）提出来单整 GARCH 模型（IGARCH），Hamilton 和 Susmel（1994）

---

① 宋军、张宗新：《金融计量学》，上海：复旦大学出版社，2009 年，第 206 页。

提出了 Switching ARCH（SWARCH），Baillie，Bollerslev 和 Mikkelsen（1996）提出了 FIGARCH 模型，等等。本研究主要围绕 GARCH-M、TGARCH 与 EGARCH 展开，仅对相关方程和意义进行简述。

为了反映风险是否产生溢价，Engle、Lilien 和 Robins 等人在 1987 年引入条件异方差（α_t^2）作为时间序列 $\{R_t\}$ 均值方程的解释变量，用以估计和检验风险溢价随时间而变化的特点[1]，该类模型称为 GARCH 均值模型（GARCH-in-mean），简称 GARCH-M 模型。GARCH-M（p，q）标准模型如下：

$$\begin{cases} R_t = \beta x_t + \sum_{i=1}^{m} \varphi_i R_{t-i} + \delta\sigma_t^2 + \varepsilon_t \\ \sigma_t^2 = \omega + \sum_{i=1}^{q} \alpha_i \varepsilon_{t-i}^2 + \sum_{j=1}^{p} \beta_j \sigma_{t-j}^2 \end{cases}$$

其中，系数 δ 反映了风险与收益之间的权衡（trade off）关系，即投资者的相对风险厌恶系数。在理论上，如果市场参与者是风险厌恶的话，市场风险溢价与市场的条件方差之间应该是正相关关系。$\delta > 0$ 表示风险（波动性）和收益水平同向变动，$\delta > 0$ 则表示二者之间为反向关系。

为了刻画利好和利空消息冲击的不对称性（即杠杆效应），Rabemananjar 和 Zakoian（1993）在条件方差中加入了不同性质的冲击附加项，建立了 TGARCH 模型[2]。其条件方差方程为：

$$\sigma_t^2 = \beta + \sum_{i=1}^{q} \phi \varepsilon_{t-i}^2 + \sum_{j=1}^{p} \varphi_j \sigma_{t-j}^2 + \omega D_t \varepsilon_{t-1}^2$$

其中，D_t 表示绝对残差变化方向的哑变量，当 $\varepsilon_{t-1} < 0$ 时，$D_t = 1$；否则，$D_t = 0$。在模型中，利好消息（$\varepsilon_{t-1} > 0$）的冲击系数为 $\sum \phi_i$，利空消息（$\varepsilon_{t-1} < 0$）的冲击系数为 $\sum \phi_i + \omega$。如果 $\omega >$

① Engle R F, D M Lilien and R P Robins. Estimating time varying risk premia in the term structure: The ARCH-M model[J]. Econometrica,1987(55)：391－407.

② Rabemananjara R and J M Zakoian. Threshold ARCH Models and asymmetries in volatilities[J]. Journal of Applied Econometrics,1993.

0，表示不同性质的信息对收益波动性的影响是不对称的，即存在杠杆效应。

非对称 GARCH 模型的另一经典过程是 Nelson（1991）提出的 EGARCH 模型[①]，建立了条件异方差的对数方程。EGARCH 模型的基础方程式为：

$$\ln\sigma_t^2 = \omega + \sum_{i=1}^{q}\beta_i\ln\sigma_{t-i}^2 + \sum_{i=1}^{q}a_i\left|\frac{\varepsilon_{t-i}}{\sqrt{\sigma_{t-i}^2}} - E\left(\frac{\varepsilon_{t-i}}{\sqrt{\sigma_{t-i}^2}}\right)\right| + \sum_{k=1}^{r}\lambda_k\frac{\varepsilon_{t-k}}{\sqrt{\sigma_{t-i}^2}}$$

在 EGARCH 模型中，等式左边是条件方差的对数，这意味着杠杆影响是指数的，而不是二次的，所以条件方差的预测值一定是非负的。EARCH 模型的最大特点是采取条件方差对数的形式，它允许前期的残差平方和与条件方差的假设更加灵活。

2.2.2.3　GARCH 模型的估计方法

GARCH 类模型为非线性函数，模型中各参数需要用极大似然法（ML）进行估计。从总体抽样得到随机样本 y_1，y_2，…，y_t，对总体参数 λ 进行估计。极大似然估计的基本原理为：使用数值解法计算参数 λ 的估计值，使得样本观察值 y_1，y_2，…，y_t 的联合密度函数 $L(y;\lambda) = \prod_{t=1}^{T}P(y_t)$（注：这一函数也被称为样本的似然函数）最大，则 λ 的估计值就被称为极大似然估计值。因为"极大似然法是比最小二乘法具有更强的理论性质的点估计方法，能更本质地揭示通过样本观察值估计总体参数的内在机理，当前，金融时间序列参数估计方法的发展更多是以极大似然估计原理为基础的"，"特别是某些金融计量模型，只有极大似然法才是优良的估计方法"[②]。

在极大似然法估计 GARCH 模型参数的过程中，误差分布假设和计算方法的不同都将对模型估计结果产生较大的影响，计量成果对此也进行了广泛的研究。

①　Nelson D B. Conditional heteroskedasticity in asset returns：A new approach [J]. Econometrica，1991，59（2）：347—370.

②　庞浩.《计量经济学》，北京：清华大学出版社，2018 年，第 209 页。

第一，关于金融时间序列方差分布的假设。

由于极大似然法要求已知总体分布类型，并确定其概率密度函数，仅是不知道总体分布参数，然后，利用随机样本观察值联合密度函数（即似然函数）估计总体分布参数的估计量，因此，对总体分布的假设将对估计结果产生较大影响。

GARCH 扰动项的分布通常假定为正态高斯分布（简称正态分布）、Student-t（简称 t 分布）或广义增广矩阵分布（简称 GED）。中心极限定理确立了正态分布在统计学中的重要地位，而正态分布具有对称性、可加性、相关性等优良统计特点，因而在金融市场分析中占有极其重要的地位。但实证研究表明，正态分布无法完全刻画金融时间序列的尖峰厚尾特点。为了更好地描述金融数据序列日收益率的分布特性，Bollerslev 等人（1987）提出了一个未知自由度 k 的 t 分布的 GARCH 模型[1]，Nelson 等人（1991）则提出了广义增广矩阵分布（Generalized Error Distribution）[2]。

对于 GARCH（p，q）模型，在正态分布、t 分布和 GED 分布情形下的似然函数分别为：

（1）如果扰动项服从正态分布，则其对数似然函数为：

$$\ln L(\theta) = -\frac{T}{2}\ln(2\pi) - \frac{1}{2}\sum_{1}^{T}\ln\sigma_t^2 - \frac{1}{2\sigma_t^2}\sum_{1}^{T}(y_t - x_t\gamma)^2$$

式中 σ_t^2 是 ε_t 的条件方差。

（2）如果扰动项服从 Student $-t$ 分布，则其对数似然函数为：

$$\ln L(\theta) = -\frac{T}{2}\ln\left\{\frac{\pi(k-2)\Gamma\left(\frac{k}{2}\right)^2}{\Gamma\left(\frac{k+1}{2}\right)^2}\right\} - \frac{1}{2}\sum_{1}^{T}\ln\sigma_t^2 -$$

① Bollerslev Tim. A conditional heteroskedastic time series model for speculative prices and rates of return[J]. The Review of Economics and Statistics,1987 69（3）：542—547.

② D B Nelson. Conditional heteroskedasticity in asset returns：A new approach-Econometrica[J]. Journal of the Econometric Society,1991(2)：347—370.

$$\frac{k+1}{2}\ln\left\{1+\frac{(y_t-x_t\gamma)^2}{\sigma_t^2(k-2)}\right\}$$

式中自由度 k 可以从数据中估计。当 $4<k<\infty$ 时，扰动项的峰度大于正态分布。当 $k\to\infty$，扰动项分布收敛于正态。由于 t 分布较之正态分布具有更宽的尾部，因而它能更好地描述收益序列的厚尾性问题.

（3）如果扰动项服从 GED 分布，则其对数似然函数为：

$$\ln L(\theta)=-\frac{T}{2}\ln\left\{\frac{\Gamma\left(\frac{1}{r}\right)^3}{\Gamma\left(\frac{3}{r}\right)\left(\frac{r}{2}\right)^2}\right\}-\frac{1}{2}\sum_1^T\ln\sigma_t^2-$$

$$\sum_1^T\left\{\frac{\Gamma\left(\frac{3}{r}\right)(y_t-x^t\gamma)^2}{h_t^2\Gamma\left(\frac{1}{r}\right)}\right\}^{r/2}$$

GED 分布是一种比较复杂的分布形式，其分布密度由尾部厚度参数 r 来刻画。当 $r=2$ 时，扰动项的分布退化为标准正态分布为正态；$r<2$ 时，扰动项的分布为尖峰厚尾；$r>2$ 时，扰动项分布的尾部比正态薄。

赵国庆等（2016）[①]、姜翔程和熊亚敏（2017）[②]、王喆和徐盼（2018）[③]、孙少岩和孙文轩（2019）[④] 等多人对三种分布假定的 GARCH 模型族进行了比较，发现基于广义增广矩阵分布的 GARCH 模型族能够提高模型的估计和预测绩效，能更好地刻画股市指数收益率或基金收益率分布的尖峰厚尾特征。其中，李克

① 赵国庆、姚青松、刘庆丰：《GARCH 族的模型平均估计方法》，《数量经济技术经济研究》，2017 年第 6 期。

② 姜翔程、熊亚敏：《基于 GARCH 族模型的我国股市波动性研究》，《西南师范大学学报（自然科学版）》，2017 年第 2 期。

③ 王喆、徐盼：《基于 GED-GARCH 模型的沪深 300 指数收益率波动性研究》，《现代商业》，2018 年第 9 期。

④ 孙少岩、孙文轩：《加入 SDR 后人民币汇率波动规律研究——基于 ARIMA-GARCH 模型的实证分析》，《经济问题》，2019 年第 2 期。

娥和陈圣滔的比较研究表明：对收益率扰动项分布的假设直接关系 GARCH 模型族能否真实反映分布的厚尾现象。在 99% 置信水平下，正态分布尾部太薄了，会低估风险；而 t 分布的尾部又太厚了，容易造成对风险的高估；不管是模型拟合效果还是预测能力方面，广义增广矩阵分布的分布函数更适合我国股市波动特征的描述。关于交易所债券误差项研究方面，国内尚未有类似的比较实证分析成果，但吕江林和姜光明（2004）对上交所国债市场、交易所企业债市场、交易所转债市场和上交所国债回购市场波动特点进行研究时，也采取了广义增广矩阵分布[1]。

第二，关于极大似然估计的计算方法。

概率密度函数明确之后，极大似然估计的核心步骤就是选择样本观察值估计总体参数的计算方法。迭代优化是解决非线性参数估计问题最常用的计算方法。能够计算似然函数最优化参数值的方法有多种，但往往面临两难选择：可节省时间的计算方法缺少严密性，严密的方法又计算时间长。对于 ARCH 模型、GARCH 模型，一阶导数估计方法主要有 BHHH 方法和 Marquardt 方法。

高斯—牛顿算法用梯度的外积近似替代海塞（Hessian）矩阵导数降阶和外积半正定确定等优点，但是，在远离最大值的区域进行估计计算时，参数近似值的估计需要多次迭代，甚至会非常不准确。为了减少参数估计中的计算量，Marquardt（1963）加入岭元素，提出了一种修正计算法，被称阻尼最小二乘法或麦夸特计算法。1974 年，为了解决一般数值优化方法收敛性较差的弊端，Berndt（1974）等人提出一种改进算法（简称 BHHH 算法）[2] 优化似然函数算法。Berndt 等（1974）证明 BHHH 算法所得到的参数估计具有一致性和渐进正态性等较好

① 吕江林、姜光明：《交易所债券市场价格波动特性研究》，《金融研究》，2004年第 12 期。

② Berndt E，Hall B，Hall R，Hausman J. Estimation and inference in nonlinear structural models[J]. Annals of Economic and Social Measurement，1974，4.

的性质。相对于传统的最速下降法、牛顿法，BHHH 算法计算程序相对简单，有较好的收敛性和统计性质①。BHHH 算法在国外 GARCH 模型参数估计得到广泛使用②。但是，熊正德等（2015）也指出对于多元 GARCH 模型，如果其参数较多，BHHH 算法梯度计算也将非常复杂，会导致收敛于局部最优解，或优化似然估计值不一定存在。

2.3　收益率波动影响因素理论

　　股票和债券价格的波动通常被认为是由某种信息到达所驱动的。理论上讲，企业债券（特别是固定利率的企业债券）的定价与波动相对简单，但事实上并不如此。企业债券收益率的波动既受票息率、到期期限、企业信用等企业微观层面因素的影响，也受债券市场微观结构、股票市场溢出和货币市场基准利率波动等市场层面因素的影响，还受政治事件、投资者预期、经济周期及长记忆性等众多因素的影响，这些因素相互作用相互影响，共同决定了企债收益率波动的市场表现。本书研究的对象是交易所企业债指数收益率，目的是为大类资产配置提供理论基础，以及为评价市场有效性与完善企业债市场发展提供理论借鉴，因此，相关理论的研究将从以债券市场微观结构、股票市场波动溢出和货币市场利率三方面展开，即从影响交易所企业债收益率波动的市场因素展开。

2.3.1　市场微观结构对企债收益率的影响

　　第一，混合分布假说简介。根据金融市场微观结构理论，金

　　① 熊正德、文慧、熊一鹏：《我国外汇市场与股票市场间波动溢出效应实证研究——基于小波多分辨的多元 BEKK－GARCH（1，1）模型分析》，《中国管理科学》，2015 年第 4 期。

　　② Guglielmo Maria Caporale，Faek Menla Ali，Nicola Spagnolo. Exchange rate uncertainty and international portfolio flows：A multivariate GARCH-in-mean approach [J]. Journal of International Money and Finance，2015（54）.

融资产价格是经济主体最优规划的结果，量价之间存在紧密的关系。金融市场信息到达投资者，投资者再根据所到达的信息进行判断并采取行动，直接影响到成交量的变化，最终影响到金融资产价格的波动。Blume（1994）认为通过研究过去的价格和交易额可以获得有价值的信息，交易额提供了关于过去价格运行质量和精确度等信息[①]。Clar（1973），Epps（1976），Tauchen&Pitts（1983）等，建立并发展了量价关系的混合分布假说（MDH）理论。该理论认为，价格波动与交易额是由潜在的不可观测的信息流共同决定的，信息流的冲击将同时产生交易额和价格波动，信息流即混合变量，日交易次数和交易额均可以作为信息流的替代指标；通过量价关系，可以推断事件所包含的信息内容，证券价格的变化常常反映了投资者对于市场出现的新息的估价，而相应的交易额则揭示出投资者对于信息所蕴含意义的分歧程度。

第二，流动性和波动性关系的研究。如果债券市场缺乏流动性就会导致交易难以完成，将引致流动风险，价格发现和优化资源配置的市场功能也就无从谈起。Amihud 与 Mendelson（1986）从交易成本角度切入，探索均衡资产定价过程中的流动性溢价问题，认为是流动性风险导致投资者在不同交易时期的预期收益的差异[②]。Amihud 和 Mendelson（1988）再次指出"流动性是市场的一切"[③]。从流动性风险管理角度看，流动性为金融市场供了充分的风险分担机会，金融市场规模越大就意味着金融市场的功能越完善，交易对价格的冲击也就越小，即金融资产的波动性越小。关于流动性和收益率波动直接关系的研究相对较少，其中关

---

① Blume L，Easkey D，O'Hara M. Market statistics and technical analysis：The role of volume[J]. Journal of Finance,1994,49(1):153—181.

② Amihud Y and H Mendelson. Asset pricing and the bid-ask spread[J]. Journal of Financial Economics,1986(17)：223—249.

③ Amihud Y and H. Mendelson. Liquidity，volatility，and exchange a tomati on [J]. Journal of Accounting ，Auditing，and Finance,1988(4)：369—395.

于企业债券的研究就更少，现有成果多集中在股票市场研究方面。但是，关于股票和成交量关系的研究结果也没有支持成交量和股票价格波动存在反向关系的理论，二者之间的影响方向并不确定。

第三，关于流动性溢价的研究。国内外更多的研究是关于市场流动性溢价的研究，例如 Gibson 和 Mougeot（2004）、罗登跃等（2005）分别以成交量的改变量作为总的市场流动性指标，使用 GARCH（1，1）模型证明美国 S&P500 指数收益率和上证分类股票指数收益率是市场总风险溢价的不可忽略的部分。债券相关方面的研究相对较少，例如，Tsung-Kang Chen et al.（2013）[1] 和 Huang et al（2007）[2] 的实证研究表明，流动性风险是公司债券信用利差中的显著成分。闵晓平和罗华兴（2016）以 2007 年 10 月到 2013 年 12 月交易所上市交易的不同类别公司债月度数据为样本，回归结果证明交易所公司债市场存在明显流动性溢价。在其他条件不变的情况下，流动性越强，收益率越低[3]。何志刚和邵莹（2012）选取 2007 年 4 月至 2009 年 9 月的周数据，研究了流动性风险与中国公司债券信用利差之间的关系。实证结果表明：中国公司债券信用利差的变化与非流动性指标之间存在稳定的正相关关系，且在控制其他变量之后该结果依然是稳健的，说明流动性风险已融入中国公司债券信用利差中。尤其是在次贷危机背景下，流动性风险对信用利差的影响增强了[4]。但是，

[1]　Tsung-Kang Chen, Hsien-Hsing Liao, Hui-Ju Kuo. Internal liquidity risk, financial bullwhip effects, and corporate bond yield spreads: Supply chain perspectives [J]. Tsung-Kang Chen; Hsien-Hsing Liao; Hui-Ju Kuo, 2013, 37(7).

[2]　Henry H. Huang, Hung-Yi Huang, Jeffrey J. Oxman. Stock liquidity and corporate bond yield spreads: Theory and evidence[J]. Journal of Financial Research, 2015, 38(1).

[3]　闵晓平、罗华兴：《基于水平和风险双重效应的公司债流动性溢价研究》，《证券市场导报》，2016 年第 6 期。

[4]　何志刚、邵莹：《流动性风险对我国公司债券信用利差的影响——基于次贷危机背景的研究》，《会计与经济研究》，2012 年第 1 期。

杨宝臣等[①]（2016）、刘善存等[②]（2014）对企业债券信用利差的决定因素的研究，李岚等[③]（2010）、李合怡和贝政新[④]（2014）对包括短期融资券、中期票据在内的广义企业债的研究，实证结果却并不支持流动性风险对公司债券利差的影响。

以上关于流动性和债券收益率的研究，存在三方面的明显不足：一是主要集中在公司债或广义企业债收益率均值的研究，缺少对企业债收益率波动率的研究；二是没有考虑金融时间序列分布可能存在的尖峰厚尾、群聚与杠杆效应等现象，采用了时间序列或面板数据回归分析模型；三是结论并不一致，还需进一步进行深化研究。

2.3.2　股市波动溢出对企债收益率的影响

2.3.2.1　波动溢出效应机理的解释

交易所企债市场的波动不仅受过去几期波动程度的影响，而且还受到其他金融市场波动程度的制约。当一个市场受到风险冲击而发生价格变动时，由于基本面的影响，其他市场也可能跟随发生变动；而且投资者往往会根据某一市场价格变动去推测其他市场价格的变动，改变其他市场的投资行为，进而加速风险的传递。因此，波动溢出效应体现了宏观基本面的变化、市场间的信息流动及投资行为变化等内容。随着金融一体化进程，它已成为金融波动的重要特征，成为研究金融市场波动不可或缺的内容。交易所企业债和股票在同一市场内进行交易，具有相互溢出的交易制度便利性。股债市场间的波动存在相互传导的理论可能性，

---

①　杨宝臣、马志茹、苏云鹏：《中国公司债券的信用利差与流动性风险》，《技术经济》，2016 年第 11 期。

②　刘善存、牛伟宁、周荣喜：《基于 SV 模型的我国债券信用价差动态过程研究》，《管理科学学报》，2014 年第 3 期。

③　李岚、杨长志：《基于面板数据的中期票据信用利差研究》，《证券市场导报》，2010 年第 8 期。

④　李合怡、贝政新：《银行间市场中期票据信用利差的影响因素研究》，《审计与经济研究》，2014 年第 4 期。

这一效应被称为"波动溢出效应"（Volatility Spillover Effect）。

国内外关于波动溢出效应的研究结果表明，波动溢出效应可能显著存在于不同国家和地区的金融市场之间，也可能会存在于不同金融品种的市场之间。对多个金融市场间波动交叉传递关系模拟研究的主要模型是 GARCH 类模型和 SV 模型，但其中又分为单变量和多变量的模型框架。在单变量模型框架内，应用的主要有 GARCH 模型、GARCH-M 模型及 GJR-GARCH 模型等。而在多变量模型框架内，运用较多的有向量 GARCH 模型、多变量 EGARCH 模型和向量 SV 模型等。

2.3.2.2 一元 GARCH 溢出模型

一元 GARCH 溢出模型是对单一变量、单一市场情况进行建模，通过两步建模的方法来研究各个金融市场间的波动溢出效应。以股票市场波动对债券市场波动为例，设股票市场收益率为 R_3，企债市场收益率为 R_1，则单变量波动溢出效应 GARCH 模型的逻辑研究框架为：第一步，估计股票市场 GARCH 模型估计的残差平方（ε_3^2）和条件方差（σ_3^2）；第二步，将 ε_3^2 或 σ_3^2 作为研究债券市场波动的解释变量，代入到债券市场波动的 GARCH 研究模型中，估计二者之间波动溢出的显著性和大小。以 AR（1）- GARCH（1，1）模型为例，企债市场收益率的均值和条件异方差方程为：

$$\begin{cases} R_{1t} = \alpha_1 + \beta R_{1(t-1)} + \varepsilon_{1t} \\ \sigma_{1t}^2 = a^2 + b\sigma_{1(t-1)}^2 + c\varepsilon_{1t}^2 + fX_t \end{cases}$$

其中，R_{1t} 是企债的日间收益率，σ_1^2 是企债收益率的条件异方差，ε_t 为残差项，f 就是描述股票市场的波动溢出效应大小的待估参数，X_t 表示从股票市场的残差平方（ε_3^2）或条件方差（σ_3^2）。

国内和国外关于使用单变量 GARCH 溢出模型研究其他金融市场对债券市场的成果并不多见，但是，国外存在一定关于地区间股市溢出关系研究的研究成果。例如，Hamao、Masulis 和 Ng （1990）就使用单变量 GARCH-M 溢出模型来对纽约、东京、伦敦股市的波动特性进行了实证分析[①]。

2.3.2.3 多元 GARCH 基础模型及扩展

一元 GARCH 溢出模型的主要优点是：第一，可以根据不同的金融市场特点，分别建立适当合理的模型来考察各金融市场的波动性，形式简单直接；第二，参数较少，估计相对简单。但是，一元 GARCH 模型只能刻画单一金融资产风险的纵向传递，只能对具体某种资产或整个资产组合的风险进行度量，无法识别组合资产之间风险的变化，及其对组合资产整体的影响与敏感度，甚至会引致一些信息丢失，检验结果不太理想，不能满足组合管理和风险管理过程中的实际需要。

1984 年，Pagan A R（1984）就提出，"当多个金融市场存在波动相关性时，在多变量框架内分析问题能够充分利用残差向量的方差——协方差矩阵所包含的信息，避免单变量模型的生成回归量问题"[②]。Bollerslev（1988）建立了多元 GARCH 模型研究不同金融时间序列之间的波动溢出模型，即多元 GARCH 模型（简称 MGARCH）[③]。多元 GARCH 基础模型如下：

$$\begin{cases} R_t = M_t + \varepsilon_t \\ \varepsilon_t \mid \Omega_{t-1} \sim N(0, \sigma^2) \\ Vech(\sigma_t^2) = W + \sum_{i=1}^{q} A_i Vech(\varepsilon'_{t-i}\varepsilon'_{t-i}) + \sum_{j=1}^{p} B_j Vech(\sigma_{t-j}^2) \end{cases}$$

多元 GARCH 基础模型是建立在对多个变量、多个市场的波动与风险特性统一分析基础之上的，不仅能刻画多个金融资产沿时间方向的波动集聚，还能有效捕捉不同金融资产之间的风险交叉传递特性。Koutmos 和 Both（1995）归纳了 MGARCH 模型的优势：第一，多元 GARCH 模型简化了一元 GARCH 的两步建

① Hamao, Masulis and Ng. Correlations in price changes and volatility across international stock markets[J]. Review of Financial Studies,1990,3(2):281−307.

② Pagan A R. Econometric issues in the analysis of regressions with generated regressors[J]. International Economic Review,1984(1):221−47.

③ Bollerslev T,Robert F Engle and J M Wooldridge. A capital asset pricing model with time-varying covariances[J]. Journal of Political Economy, 1998,96(1): 116−131.

模过程，避免了需要估计回归量的有关问题；第二，多元GARCH 模型提高了市场间溢出效应的检验势和效率；第三，波动溢出的本质是全球化的信息对各市场的影响，多元 GARCH 模型统一考虑多个市场信息对金融市场波动溢出的影响，能够更好满足资产组合实际工作的需要[①]。

但是，MGARCH 基础模型计量复杂，存在两方面的突出问题。第一，模型中参数过多，"维数灾难"会给实际模型参数估计带来巨大的困难。第二，模型估计的困难。如果不对MGARCH 基础模型进行适当的约束，既不能保证估计矩阵的半正定性，更无法给出可行的模型参数估计。围绕经济意义明确、解决"维数灾难"和确保协方差矩阵的正定性等难题，研究者对MGARCH 基础模型中条件方差矩阵采取了多种展开形式，来"合理"参数化，得到了 VEC、DVEC、BEKK、CCC-GARCH、FARCH 等多种新式的 MGARCH 模型。国外 Malvina，Ioannis and Michael（2020）[②]、Fengler and Herwartz（2018）[③] 和国内杨红和董耀武[④]（2013）、熊正德等（2015）、王雪等（2016）[⑤]、等都曾对多元 GARCH 模型及其参数估计方法进行了介绍与回顾，本研究不再赘述，仅是简要归纳比较常见 MGARCH 的优缺点（见表 2-1）。

① G Koutmos，G G Booth. Asymmetric volatility transmission in international stock markets[J]. Journal of inte-rnational Money and Finance,1995(6),P746－762.

② Marchese Malvina，Kyriakou Ioannis，Tamvakis Michael，Di Iorio Francesca. Forecasting crude oil and refined products volatilities and correlations：New evidence from fractionally integrated multivariate GARCH models[J]. Energy Economics,2020(prepublish).

③ Matthias R. Fengler，Helmut Herwartz. Measuring spot variance spillovers when（Co）variances are time-varying-the case of multivariate GARCH models[J]. Oxford Bulletin of Economics and Statistics,2018,80(1).

④ 杨红、董耀武：《银行同业拆借利率动态相关性研究——基于多元 GARCH 模型的分析》，《财经论丛》，2013 年第 3 期。

⑤ 王雪、胡未名、杨海生：《汇率波动与我国双边出口贸易：存在第三国汇率效应吗?》，《金融研究》，2016 年第 7 期。

表 2-1　MARCH 模型优缺点比较

模型	优点	缺点
MGARCH 基础模型	全面、准确刻画波动特性，经济意义明确	参数多、估计困难
Diag—MGARCH 模型	模型形式简化，参数减少，有一定的经济意义	对波动刻画不够全面、准确
BEKK—MGARCH 模型	确保协方差矩阵的正定或半正定性	参数经济意义不够明确
CCC—MGARCH 模型	模型形式简化、参数减少，有一定经济意义	常相关约束肯能并不成立

为了减少 MGARCH 基础模型中的参数个数，Bollerslev（1988）等建议将矩阵 $A_i A_i$ 和 B_j 约束为对角矩阵，这大大简化了模型的形式，也简化了不同变量、不同时期方差、协方差间的相关关系[①]。但是，对角 MGARCH 模型又存在表达式限制过多，正定性难以检验的不足。Engle 和 Kroner（1995）在综合 Baba，Engle，Krafa 和 Kroner 等人研究成果的基础上，提出了 BEKK 模型。在多元 GARCH 基础模型中，令：

$$A_i = \sum_{k=1}^{K} (A_{ik} \otimes A_{ik})'$$

$$B_j = \sum_{k=1}^{K} (B_{jk} \otimes B_{jk})'$$

公式中 $\otimes$ 表示 Kronecker 积，则 MGARCH 基础模型式相对应的 BEKK 表达式为：

$$Vech(\sigma_t^2) = W + \sum_{i=1}^{q} \sum_{k=1}^{K} (A_{ik} \otimes A_{ik})' Vech(\varepsilon_{t-i} \varepsilon'_{t-i}) + \sum_{j=1}^{p} \sum_{k=1}^{K} (B_{jk} \otimes B_{jk})$$

式中 $Vech(\cdot)$ 称为向量半算子。BEKK 模型的优点是保证了矩阵 H_t 的正定性，但模型参数的经济意义不如 GARCH 基础模型

---

① Bollerslev T，et al. A capital asset pricing model with time-varying covariances [J]. Journal of Political Economy. 1988,96(1):116-131。

明确，难以进行经济学解释。根据 A_{ik} 和 B_{ik} 的不同限制，BEKK模型又可以分为数量型（Scalar）、对角型（Diagonal）及其他多种类型的模型。

条件协方差矩阵属于半正定性是确保估计方差不小于零的必要条件，由于 BEKK-MGARCH 模型在低纬度时估计参数较少，并且"不仅确保了条件协方差矩阵的半正定性，同时不对其强加常相关这样不合理的假设"①，因此，该模型得到广泛使用。例如，Karolyi（1995）、唐瑞颖（2016）②、Worthington 和 Higgs（2004）、郑金英和翁欣（2017）③ 等都使用 BEKK-MGARCH 模型对不同金融资产之间的波动溢出关系进行了研究。选用何种类型的 MARCH 扩展模型，取决于问题的需要性、可操行和实用性等因素。王璐（2009）在分析上证指数和中国债券总指数溢出关系时分析指出：（1）即使 BEKK-MGARCH 模型中参数的经济意义不够明确，但也不影响对两个市场之间溢出效应的研究。（2）对于二元 BEKK-MGARCH 模型，模型中最多有 11 个参数需要估计，能够有效保证协方差矩阵的正定要求，在技术上具有可操作性④。基于同样的理由，本书也采用了二元 BEKK-MGARCH 模型。

2.3.2.4　国内外企债波动溢出的研究

基于时变特点，关于国际市场（或国外市场）股债收益率波动性（以下简称波动性）关系实证分析存在不相关、单向溢出、彼此溢出、正（或负）相关性和有条件相关等多种结论。

---

① 徐国祥、杨振建：《人民币分别与发达市场和新兴市场货币汇率波动传导效应研究——基于多元 BEKK-MGA CH 模型的波动传导测试》，《金融研究》，2013 年第 6 期。

② 唐瑞颖：《货币政策、资产价格与经济增长的波动溢出效应——基于 MGARCH-BEKK 模型》，《科技广场》，2016 年第 6 期。

③ 郑金英、翁欣：《中美粮食期货的价格关联及波动溢出效应——基于多元 T 分布下 VAR-BEKK-MGARCH 模型的实证分析》，《价格理论与实践》，2017 年第 3 期。

④ 王璐：《中国股市与债市溢出效应的数量研究》，西安：西安交通大学出版社，2009 年，第 216 页。

在国外，对股市和债市的相关性研究由来已久。早期研究的多数结论并不支持股债市场之间存在收益率波动溢出效应。例如，Bossaerts（1988）的研究结论表明两项资产有一定的相关性，但这种相关性并不是很强，而且也不彻底[①]。Shiller（1992）用图表分析得出股票与债券市场间不存在相关性或者说相关性很低[②]。Campell 等（1993）的研究发现债市和股市之间的相关性很弱，不具有时变性[③]。但近期研究结论倾向于支持股债市场之间存在收益率波动溢出效益，Francesco and Fabio（2011）证明各种不同类型资产之间存在时变相关关系[④]。Rangan et al.（2018）通过研究美国和英国股票与债券的月数据，发现股债波动性存在波动溢出现象。Cappiello，Engle and Sheppard[⑤]（2003）、Yinggang Zhou[⑥]（2014）和 Liu，Wang and Li[⑦]（2019）等的研究成果支持股债之间存在明显的时变特征，而Connonlly 等（2005）和 Fang 等的研究，证明只存在从股市到债市的单项波动溢出。Nektarios and Oscar（2020）的研究结论是

① Bossaerts P. Common nonstationary components of asset prices[J]. Journal of Economic Dynamics and Control,1988(12):347—364.

② Shiller R J and Baltratti A E. Stock prices and bond yields: Can their comovements be explained in terms of Present value models[J]. Journal of Monetary Economics,1992(30):25—46.

③ Campbell J Y, Ammer J. What moves the stock and bond markets? A variance decomposition for long-term asset returns[J]. Journal of Finance,1993,48(3):3—37.

④ Francesco Audrino,Fabio Trojani. A General Multivariate Threshold GARCH Model With Dynamic Conditional Correlations[J]. Journal of Business & Economic Statistics,2011,29(1).

⑤ Cappiello L,Engle R & Sheppard K. Asymmetric dynamics in the correlations of global equity and bond returns. European Central Bank Working Paper Series,2003.

⑥ Yinggang Zhou. Modeling the joint dynamics of risk-neutral stock index and bond yield volatilities[J]. Journal of Banking and Finance,2014(38).

⑦ Hsiang-Hsi Liu, Teng-Kun Wang, Weny Li. dynamical volatility and correlation among US stock and treasury bond cash and futures markets in presence of financial crisis: A Copula Approach[J]. Research in International Business and Finance,2019,48.

股票和债券的波动关系的方向同经济市场景气程度有关。许祥云、廖佳和吴松洋（2014）的研究证明，国债在危机前的牛市中，股市和债市的乐观情绪可以相互传染，从而导致股债发生非对称的正相关性，企业债在危机爆发后，与股市之间的波动存在跷跷板效应。这一结论表明成熟的股票市场和债券市场协同运动特征越显著，它们受共同信息影响越明显；同时通过跨市场的金融资产配置来规避风险行为也体现了成熟金融市场在配置功能及调节功能上的优势。同样，对国内股市和债市波动关系的研究结果也并不一致。郑晖（2011）证明股债波动之间不存在任何方向的波动溢出①。赵华、麻露（2016）则证明国内股市和债市之间的波动溢出具有时变特征，国内外金融政策以及重要的金融事件会使波动溢出效应加强②。方龙、何川和李雪松（2016）认为股市和债市之间在长期具有协整关系，并且债市的溢出效应显著大于股市③。王鹏飞（2020）则证明股市的溢出效应大于债市④。

　　以上研究表明，第一，股债波动关系的规律具有复杂性，依存于研究背景条件的特点。第二，国内股债研究多以国债或者债券总指数为研究对象，而债券总指数中国债、金融债及其他利率债又占有绝对比重，因此，它并不能代表企业债市场同股票市场之间的溢出效应，对这两个市场的波动关系尚需进行深入的数量分析。

　　①　郑晖：《中国金融市场的有效性、波动性及联动性的实证研究》，暨南大学硕士学位论文，2011年。

　　②　赵华、麻露：《中国金融市场的时变信息溢出研究》，《财贸研究》，2016年第5期。

　　③　方龙、何川、李雪松：《中国股市、债市间溢出效应与杠杆效应研究》，《湖南财政经济学院学报》，2016年第2期。

　　④　王鹏飞：《股票市场和公司债市场风险溢出效应》，《技术经济与管理研究》，2020年第7期。

2.3.3 货币市场利率对企债收益率的影响

2.3.3.1 利率同企债价格波动的关系

资金面变化、通胀水平变化、货币政策变化及预期因素是影响债券市场行情变化的主要因素。这些因素又将集中体现在货币市场基础利率变化的影响上。利率是决定债券价值的关键因素，对债券价格波动和收益率存在重要影响。债券的价值等于债券未来各期所支付利息与还本金的现值之和，债券定价基本公式：

$$P_0 = \sum_{t=1}^{n} \sum (I_t + P_t)/(1+r)^t$$

其中：I_t 为第 t 期债券的年息，P_t 为 t 期末的本金偿还额，r 为年贴现率。利率是确定企债贴现率 r 的基准。

根据债券定价基本公式，市场利率同企债价值之间存在反向关系。对于固定利息债券，假定其他条件不变，I_t 和 P_t 不变，市场利率上升导致贴现率 r 增大，企债价值 P_0 下降，做多投资者将招收损失。市场利率的变化会导致企债价值的变化，债券价格也会相应调整，直接影响企债收益率波动率的程度与水平。

企债理论价值同利率之间的关系并非线性负向关系。首先，未到期期限越长，价格对市场利率变动就越敏感。其次，企债债券息票率越高，它对收益率变化的敏感度就越低。

从宏观层次看，无论是凯恩斯流动的偏好理论、弗里德曼的货币需求函数，还是唐·帕廷金的实际货币余额理论，理论内容都包括企业债在内的债券是货币政策传导的重要环节。在一个有效的企债市场中，货币政策工具利率的变化都将对企债波动产生较大的冲击。企债及时、准确、有效地对利率做出反应，是货币政策操作的良好基础之一。同时，债券市场形成的收益率能够在较大程度上反映市场的真实供求关系，因而还能为货币政策工具利率的决策提供重要依据。

2.3.3.2　影响企债波动基准利率的选择

2007 年 1 月 4 日，上海银行间同业拆借利率（简称 Shibor）正式运行，中国人民银行希望将其培育成货币市场的基准利率体系。Shibor 是由信用等级较高的银行组成报价团自主报出的人民币同业拆出利率计算确定的算术平均利率，为单利、无担保利率。目前，对社会公布的 Shibor 品种包括隔夜、1 周、2 周、1个月、3 个月、6 个月、9 个月及 1 年。Shibor 报价银行是公开市场一级交易商或外汇市场做市商，在中国货币市场上人民币交易相对活跃、信息披露比较充分的银行。Shibor 在业内的基准利率体系中有较高的权威性。

狭义企业债和中票都曾明确要求以 Shibor 的均值为基准利率，Shibor 也是公司债定价的重要参考。通常固定利率企业债券的发行利率都是在一年期 Shibor 均值加利差区间来确定其发行利率区间，并根据此最终债券的发行票面利率。其中，利差区间包括信用差异、期限利差和信用利差和流动性利差等。

郑振龙和陈志英（2011）的研究也支持以银行间同业拆借利率作为股债市场收益率研究的解释变量，他们认为：同业拆借市场的交易额及价格波动，能够及时反映出金融体系"头寸"或"银根"的松紧，即能够及时、灵敏地反映出市场上货币资金的供求状况，因而可成为货币市场的基准利率[①]。梁淳、邵晓辉和蒋倩华（2012）选取 3 月期的 Shibor 对银行间市场国债与企债指数收益率波动进行了比较研究。结果表明，Shibor 对国债收益的波动率没有显著的影响，而对企业债券收益波动率具有显著的正向影响，而且对长期债券收益波动率的影响大于短期[②]。

---

① 郑振龙、陈志英：《中国股票市场和债券市场收益率动态相关性分析》，《当代财经》，2011 年第 2 期。

② 梁淳、邵晓辉、蒋倩华：《基准利率对债券收益波动率的影响》，《会计月刊》，2012 年第 8 期。

2.4 研究述评

2.4.1 研究对象选择述评

目前，关于金融资产波动的研究存在"四多四少"现象：关于股票市场波动的研究多于债券市场的研究；关于国债市场波动的研究多于企债市场的研究；关于银行间债券市场波动的研究多于交易所债券市场的研究；关于债券总体波动的研究多于债券产品的分类研究。这一情形无法满足理论研究和指导实践工作的需要。

第一，根据金融市场微观结构理论，证券交易机制、投资者行为和市场质量都将对证券价格波动产生冲击与影响，不同微观结构的市场需要进行独立研究。目前，我国交易所债券市场和银行间债券市场在微观市场结构方面存在较大差异，将二者进行混合研究，其结论既缺少微观结构的解释基础，也缺乏对实践的指导意义。我国银行间债券市场和交易所债券市场新息冲击方面存在许多共性，但是也存在交易机制、交易主体和流动大小等方面明显的差异，需要对其波动性的相关关系进行识别。例如，徐小华和陈琦（2014）证明交易所和银行间债券具有较大差异，二者对于不同的政策干预和信息冲击具有不同程度的反应，交易所债券市场价格波动中存在明显的杠杆效应，而银行间债券市场波动呈现非对称性，并且国债对于市场的信息吸收能力高于企业债[①]。陈小强（2017）的计量估计结果同样证明两市仍旧存在分割性[②]。

第二，根据债券定价理论，利率债和信用债波动的影响因素与表现也并不相同。国债、金融债等属于利率债的范畴，企业

[①] 徐小华、陈琦：《交易所债券市场与银行间债券市场价格反应差异研究——基于重大信息公布的视角》，《财贸经济》，2014年第8期。
[②] 陈晓强：《企业债券在银行间市场和交易所市场的价格差异研究》，天津大学硕士学位论文，2017年。

债、公司债、中票等属于信用债的范畴，其定价理论也并不完全一致。此外，在企业债范围之内，具有股权连接性质的可转债同其他公司债、企业债定价基础与波动也并不相同，将股权连接与非股权连接债混为一体研究，也并不是一个理想的选择。例如，高博文等（2018）就认为从可转债与关联股票之间的联动关系看，可转债的性质更接近于股票，而非固定收益证券，因此也不能取代对企业债券和公司债券的专门研究①。

第三，根据时变理论，当某一金融市场微观结构或政策环境发生大的变化之时，需要进行新的研究与关注。近年来，企业债发行额已超过股票成为重要的融资工具，无论是纵向相比，还是同股票市场、银行间债券市场横向相比，交易所企业债交易机制、市场参与者和流动性都发生了实质性变化，也需要对其动态跟踪研究，判断这些变化是否对交易所企债波动产生了影响，以及影响的方向与程度。

总之，从微观投资组合角度而言，交易所企债收益率波动性是企债市场风险的直接表现，对于计量和控制风险的意义。从宏观货币政策管理角度而言，企业债券的特性介于货币市场和股票市场二者之间，交易所企债收益率同货币市场、股票市场、实体经济关系密切，交易所企业债对货币政策传递具有重要意义。

2.4.2 研究方法述评

对于金融市场波动率的研究，当前历史波动率模型（以GARCH 为主流）、隐含波动率模型（IV 模型）、随机波动率模型（SV 模型）和现实波动率模型（RV 模型）呈现多元化发展趋势，后三类模型的计算方法实现了快速发展，但是，IV 模型、SV 模型和 RV 模型在解释能力和估计方法方面还存在不足，GARCH具有估计方法成熟和理论解释能力强的优势。上文对各种波动率计算方法已经做了较详细的比较，在此仅对关于 GARCH 模型做

---

① 高博文、倪际航、何艾琛：《基于 HULM 的可转换债券和股票收益率研究》，《数学的实践与认识》，2018 年第 16 期。

进一步的评述。

朱顺泉（2016）、唐勇和朱鹏飞（2019）指出GARCH"模型简洁、参数较少，且对数据的拟合相当好"，"已成为金融市场时间序列分析的主要工具"[①]。宋军和张宗新（2009）也指出"指数加权波动率无法敏感地反映波动率的时变特征，隐含波动率无法应用于不存在衍生市场的金融资产波动率的估计，且隐含波动率估计结果也往往高于实际波动率，而GARCH模型则克服了以上不足，能够很好捕捉金融资产波动的集群性与时变性"[②]。国内外的部分研究成果也证明GARCHIV模型、IV模型、SV模型和RV模型各有优势，后三者并不能取代前者。例如郑振龙和黄薏舟（2010）的研究证明，"在预测期限较短（1周）时，GARCH（1，1）模型所含信息较多，预测能力最强，但在预测较长期限（1个月）时，隐含波动率所含信息较多，预测能力较强"[③]。

关于市场间波动率溢出多元GARCH模型族的选择，取决于问题的需要性、可操行和实用性等三个方面。上文Karolyi、唐瑞颖、郑金英和翁欣等人的经验以及王璐的分析，也为本书选择二元BEKK模型提供了支持。

2.4.3 波动率成因述评

影响债券的因素包括信用风险和债券契约等原因，也包括债券市场微观结构、股票市场溢出和利率波动等金融市场层面的影响，以及本研究关注的长记忆性等。总体而言，国内对波动成因的研究相对较少，对交易所企业债指数收益率波动的研究就更加不足。其中，吕江林和姜光明（2004）曾对上交所国债市场、企

---

① 朱顺泉：《经济金融计量及其R语言应用》，北京：清华大学出版社，2016年；唐勇、朱鹏飞：《金融计量学（第二版）》，北京：清华大学出版社，2019年。

② 宋军、张宗：《新金融计量学》，上海：复旦大学出版社，2009年，第205－206页。

③ 郑振龙、黄薏舟：《波动率预测：GARCH模型与隐含波动率》，《数量经济技术经济研究》，2010年第1期。

业债市场、转债市场、国债回购市场和上证综指日收益率序列进行估计，发现企业债券的波动性高于国债市场，存在显著的风险溢价，而国债市场的风险溢价不明显，因此，可加大企业债的持仓比例①。但是，吕江林和姜光明并没有对波动特点成因进行阐述与研究。同样，王雷和周小攀（2019）的研究表明，企业债的波动性高于国债市场，但也并未对波动特点以及成因进行详细阐述②。

王宏伟等（2007）按将交易所企业债分为短期、中期和长期债券三类，分别计算其均值和波动率，并与相应期限的国债进行比较。结果证明，从收益和风险指标看，各个期限的企业债券都要优于相同期限的国债。王宏伟等还判断，中国债券市场尚未达到弱式有效市场，信息传递渠道不畅和价格发现能力不高，是造成我国债券市场有效性低的直接因素，其根源在于我国资本市场的制度缺陷③。但是，王宏伟等人仅仅是阐述了相关观点，并没对此进行证明。事实上，波动的成因和波动一样具有时变性，随着交易所企债交易机制和规模的演变，交易所波动特点与金融市场的关系会发生新的变化。例如，Fotios（2018）对大萧条爆发前后的美国货币、债券和股票市场之间的联系进行研究发现，在金融混乱时期，三者之间的联系变得越来越强④。

影响交易所企业债波动的因素众多，需要对研究角度进行选择。本研究的对象是交易所企业债指数收益率，目的是为大类资产配置提供理论基础，以及为评价市场有效性与建设多层次资本

① 吕江林、姜光明：《交易所债券市场价格波动率特性研究》，《金融研究》，2004 年第 12 期。

② 王蕾、周小攀：《债券市场对其他金融市场的风险溢出效应研究》，《投资研究》，2019 年第 6 期。

③ 王宏伟、闫安、孙海刚：《上交所企业债价格变化分》，《经济论坛》，2007 年第 4 期。

④ Fotios M. Siokis, credit market Jitters in the course of the financial crisis: A premutation entropy approach in measuring informational efficiency in financial assests [J]. Physica A: statistical Mechanics and its Applications, 2018, 499.

市场提供理论借鉴，因此，需从金融市场层面开展研究。选择交易额、活跃度、股指波动溢出和 Shibor 四方面开展研究，探究企债市场微观结构、股票市场溢出和货币市场基础利率波动对交易所企债收益波动率的影响。

2.5 本章小结

通过理论回归和文献综述，从理论上明确了研究对象、研究方法和研究框架，并对下文涉及的主要理论和方法进行分析。主要结论如下：

结论一：连续复利收益率能够简化数学计算和计量建模分析过程，连续复利收益率时间序列一般具有稳定性，且能够消除交易时间不连续的影响。基于这些方面的考虑，本书采用连续复利收益率为收益率计算方法。

结论二：金融资产收益率时序通常具有尖峰厚尾和波动丛聚现象，其方差具有时变性和长记忆性，需要建立函数进行研究和解释。第一，通过对指数加权模型、GARCH 模型、历史波动率模型、隐含波动率模型、随机波动率模型和现实波动率模型的比较，确定 GARCH 模型族为刻画交易所企业债波动的计量方法。第二，比较了正态分布、t 分布和 GED 分布假设，以及似然估计计算法对 GARCH 模型参数估计的重要性。第三，明确了 GARCH 模型族方程中各参数和变量的经济含义，为下文的研究提供了基础。

结论三：企业债收益率波动受众多因素的影响，考虑本研究的对象是交易所企业债指数收益率，目的是为大类资产配置提供理论基础，多层次资本市场建设提供理论借鉴，通过理论梳理，本章明确了下文关于交易所企业债收益波动率的研究，除了考虑长记忆外，还需从债券市场微观结构、股票市场波动溢出和货币市场基准利率三方面展开，并由此构建了本书研究的主体框架。

结论四：选用何种类型的 MARCH 扩展模型，取决于问题的需要性、可操行和实用性等因素。通过比较 MGARCH 基础模型、Diag-MGARCH 模型、BEKK-MGARCH 模型和 CCC-MGARCH 模型，确定 BEKK-MGARCH 模型为股债市场间波动溢出的研究方法，并对 BEKK-MGARCH 模型参数的经济意义进行了分析。

　　结论五：明确了交易所企业债收益率波动研究的理论意义。通过文献回顾，发现当前关于金融资产收益率波动的研究存在"四多四少"，即股票市场波动的研究多，债券市场波动的研究少；国债市场波动的研究多，企债市场波动的研究少；银行间债券市场波动的研究多，交易所债券市场波动的研究少；债券总体波动的研究多，债券产品的分类研究少。这无法满足投资者大类资产配置指导的要求，也无法满足多层次资本市场建设理论指导的要求，因此，以交易所企业债为独立研究对象具有理论意义。

3　交易所企业债市场的发展

3.1　交易所企业债市场的发展意义

债券市场对多层次资本市场建设具有重要意义，交易所企业债市场是其中的重要组成部分，受到证监会和交易所的高度重视。其发展与完善对企业、投资者、金融市场结构乃至国民经济都具有重要意义。微观层面上，企业债券市场的发展有利于拓宽企业资金来源渠道，优化企业资本结构，丰富投资品种，完善投资结构。宏观层面上，企业债券市场的发展关系到金融市场结构的均衡发展以及国民经济的有效增长。2012 年，时任证监会主席郭树清提出，"鼓励符合条件的企业通过发行公司债券筹集资金，努力推动资本市场结构调整，显著提高公司类债券融资在直接融资中的比重"[①]。2011 年，证监会成立公司债券办公室，两年后又将其升格为公司债券监管部。近年来，证监会和交易所关于公司债发行、交易所企业债交易的改革不断深化，与以前的企业债券上市规则相比，即将颁布的新规则在以下几个方面更加严格：（1）上市债券的申请条件；（2）债券的信息披露要求；（3）引入上市推荐人制度。该规则的实施将提高上市债券的质量，规范了场内市场的交易，为开放场外市场打好基础，有效推动了交易所企业债市场的发展，其对大类资产配置和资源配置的意义趋于凸显。

[①]　《上交所积极探索和推动证券市场科学发展》，《上海证券报》，2012 年 5 月 23 日，A2 版。

3.1.1 有利于为企业提供高效融资途径

根据静态权衡理论，如果考虑财务困境和利息税盾的条件，企业负债率将是影响企业最优静态资本结构的重要因素。而根据啄食顺序理论，债券融资优先于股权融资。无论是静态权衡理论，还是啄食顺序理论，都说明企业债是影响企业融资决策的重要因素。债券市场长期是美国金融市场的重心，企业融资债券融资规模大于股票融资。金融危机前的 2006 年，美国企业债券市场融资 27 930 亿美元，而股票市场融资 1 910 亿美元，前者约是后者的 14.63 倍。即使金融危机后债券市场融资总量回落，2011年债券市场融资仍为 11 800 亿美元，是股票市场融资的 5.96 倍。"1997 年爆发的亚洲金融危机凸显了亚洲国家融资体系的缺陷和债市发展的滞后"，危机之后，亚洲多国也积极培育具有充分流动性的国内债券市场①。近年来，以主导银行金融体系的日、欧，企业债券融资份额也逐年增加②。

债券市场的发展需要发行和流通市场的有机互动，交易活跃的二级市场对一级市场发展有重要意义。在交易活跃的二级市场上，债券发行主体和投资者能够高效、低成本达成供求契约。反之，如果二级市场交易不活跃，将增加成交的成本，降低交易的可能性，弱化企业债券的吸引力，对一级市场发行债券产生不利影响。从宏观层面看，有效的二级市场能减轻信息不对称造成逆向选择和道德风险，降低金融市场系统风险，并为政策制定与传递提供预警信号。

在中国当前信贷融资体制不畅和股市低迷的背景下，发挥企

---

① 赵晓男、申世军、王宇：《沧海云帆：发展中的亚洲债券市场》，《中国证券期货》，2010 年第 8 期。

② 关于日本的研究见：曹萍，高德翠，《日本公司债券市场的发展与管制放松》，《银行家》，2013 年第 7 期；关于欧洲的报道见商务部网站：《欧洲企业开始用债券融资取代银行贷款》，http://it.mofcom.gov.cn/article/ztdy/201303/201，欧洲企业转向债券市场融资，http://www.mofcom.gov.cn/aarticle/i/jyjl/m/201204/20120408065886.html。

业债发行效率高、融资成本低、定价市场化等优势，对提升储蓄转化效率和支持实体经济发展的作用尤为突出。金融危机以来，2008—2019 年交易所企业债发行额分别为 391.26 亿元、69.59 亿元、683.3 亿元、1 227.63 亿元、2 888.07 亿元和 3 339.25 亿元，4 409.42 亿元、8 854.63 亿元、15 570.21 亿元、16 912.15 亿元、20 104.82 亿元、28 926.43 亿元，增长 7.54 倍，而同期股票首发和增发却大幅缩减（见图 3-1）。

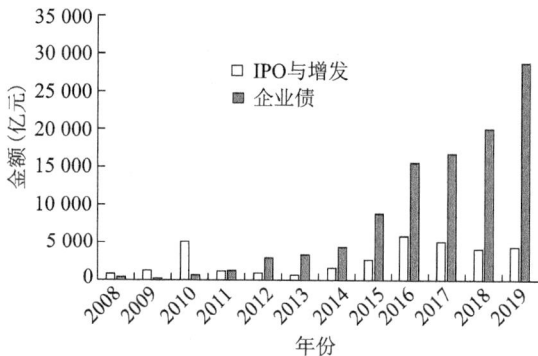

图 3-1　2008—2019 年交易所股票（含 IPO、增发）与企业债发行额比较

资料来源：根据各年《中国证券登记结算统计年鉴》计算整理，http://www.chinaclear.cn/zdjs。

3.1.2　有利于建立利率市场化定价机制

利率市场化和债券市场发展存在紧密的互动关系。交易所债券市场属于公开信用定价市场，交易所企业债市场的发展有利于提高信用风险定价效率，推进利率市场化进程。此外，高效的交易所企业债市场也属于利率传导机制的关键环节之一。另一方面，利率市场化也为交易所企业债市场产品创新和定价提供了有效的参照，有利于各类期限、收益率水平的债券交易，活跃交易所企业债市场。

近年来，中国企业债和公司债市场化定价机制不断完善，发行利率的参考价明显提升。1993 年，《企业债券管理条例》规定：

"企业债券的利率不得高于银行相同期限居民储蓄定期存款利率的40%。"此后，2005年修订为"由发行人和承销商根据市场情况，参照债券信用评级提出建议"。2007年，银行市场交易商协会提出，"推广以上海银行间同业拆放利率（Shibor）为基准利率加上基本利差的市场化利率形成机制"。2013年，进一步改为面向全市场的竞争性利率招标。交易所公司债发行利率或发行价格主要通过询价方式确定，对市场资金供求和发行人信用等市场因素反应灵敏。自2020年3月1日起，公司债券公开发行实行注册制。公开发行公司债券由证券交易所负责受理、审核，并报证监会履行发行注册程序。例如，2012年3月7日发行的"11超日债"，尽管信用等级为AA级，但是，投资者并不认可。发行利率高出同级别相同期限企业债2个点以上，高达8.98%。事后的发展事实也是，公司于2014年3月表示无法按期全额支付利息，成为国内首例违约公司债。再例如，2013年1—5月，公司债平均票面利率约5.1%，但是，随着6月份钱荒的出现，以及货币政策预期由宽松转为中性，公司债发行平均票面利率开始上涨，12月高达7.89%。发行时间相近，评级均为"AA＋"的铁龙物流和山煤国际公司债发行利率却差0.55个点。

3.1.3 有助于降低金融系统风险

成熟发达的交易所企业债市场有助于实现融资多元化、改善期限错配和提供避险投资工具，对降低金融系统风险具有重要意义。亚洲金融危机的教训之一就是：金融资产高度集中于银行业，一旦企业集中违约，将导致银行业企业信用风险快速大量累积，集中爆发，引发金融系统风险。交易所企业债券持有者包括上市商业银行、邮储银行、非银行金融机构、证券公司、保险机构、基金、非金融机构、个人等，交易所企业债券市场的发展有助于企业融资特别是中长期融资多元化发展，将一定的信用风险分散到银行业之外，使得银行业风险集中度有所降低。特别是交易所债券市场的发展有助于金融系统信用风险的分担机制从银行系统转为银行系统和金融市场系统共同分担，从而在更大范围内降低了银行系统的风险程度。此外，发达高效的企业债也将为金融机构进行信用风险管理，从而达到资本与风险合理匹配的因素。

就交易所和银行间债券市场总体情况来看①，国债、企业债和资产支持证券投资者结构具有明显的差异（见图3-2）。其中，国债持有结构高度集中，非法人产品和商业银行合计持有国债的72.15%。资产支持证券主要被商业银行和非法人产品持有，合计高达94.37%。而企业债持有结构相对均匀，商业银行持有16.84%，其他持有26.38%，非法人产品持有46.69%，三者差异不大。此外，保险机构持有2.56%，证券公司持有6.22%，二者合计远大于国债和中期票据持有占比。从交易市场持有结构来看，2019年，交易所企业债占比为27.37%，交易所国债占比为3.88%，资产支持证券不在交易所托管与交易，企业债交易在交易所占有相对突出的地位。如果，仅考虑交易所企业债市场的独立情况，受交易机制影响（见下一部分），银行比重将相对更低，持有者结构将会更加分散。

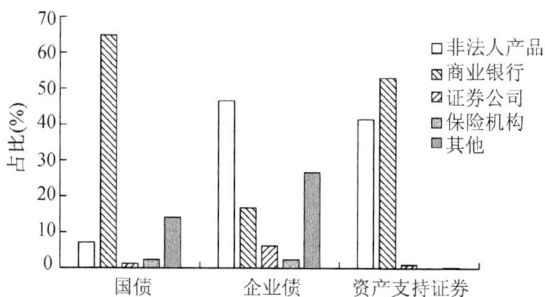

图3-2 2019年国债、企业债和资产支持证券投资者持有结构比较

资料来源：中央结算公司《统计月报》，中国证券信息网，http://www.chinabond.com.cn/jsp/。

---

① 无法获取交易所单独资料，但是不影响论据对本研究观点的证明。本研究的目的在于说明，企业债的持有结构相对分散，银行持有比重相对较低，有利于实现金融系统风险分散。因为交易所企业债券市场禁止上市银行参与交易，故银行持有比重相对更低。

3.2 交易所企业债市场交易机制

3.2.1 交易机构

交易所企业债市场主要参与者有上市商业银行、证券公司、基金、保险机构、财务公司、信托公司和邮政储蓄等机构和个人投资者。其中，由于存在银行资金违规进入股市的情况，且竞价交易模式无法满足银行大笔资金运营的需求，商业银行曾于1997年6月退出交易所债券市场。但是，2010年上市商业银行又重返交易所债券市场，进入固定收益平台进行从事现券交易，以改善交易所债券市场的投资者结构，推进银行间和交易所债券市场统一互联。和银行间市场不同，交易所企业债交易者不仅包括保险机构、上市商业银行和养老基金等持有型投资者，还包括证券公司、基金公司和个人等交易型投资者，交易机构相对具有异质性投资，交易额集中度也趋于分散。

3.2.2 交易方式

上交所和深交所分别于2008年、2012年出台了新的《债券交易实施细则》。根据交易实施细则，交易所企业债市场包括竞价交易系统、大宗交易系统和固定收益证券平台三个交易系统，既有报价和询价机制，也有匿名撮合机制，满足各类投资者对不同交易机制的需要。在竞价交易系统采取"订单驱动"模式，每日分集合竞价和连续竞价两个阶段，按照"价格优先、时间优先"原则自动进行撮合处理，适宜于小单交易。

2003年，大宗交易系统正式启用大宗交易系统采用询价与竞价相结合，报价双方通过场外进行交谈，双方就价格、数量等相关要素确认后，各自发送成交申报，通过交易系统进行清算和结算。大宗交易系统提高了大宗交易的成交效率，并减少大宗交易对市场价格的冲击。

2007年，上交所推出固定收益证券电子平台。该平台是与股票市场平行、独立的新型债券电子交易系统。固定收益证券平台包括 B2B 和 B2C 两层结构。其中，B2B 市场引入了做市商制度，交易商之间采用报价与询价相结合方式进行交易，交易主体为机构投资者；B2C 市场为场外 OTC 市场，适用于个人投资者、非金融机构与一级交易商之间的交易。

市场分层和竞争性做市商机制有效提升了企业债交易的效率和市场流动性，降低交易成本，发挥交易所债券市场的价格发现功能。其中，集中竞价系统较好地满足了个人投资者单笔交易规模小、对市场透明度要求高的交易特点；而大宗交易系统和上交所固收平台机构较好地满足了投资者单笔投资规模大、定价能力强、对市场信息披露的要求相对较低的需求特点。指令驱动市场主要靠限价委托单提供流动性，当买卖委托出现不平衡时，就容易出现市场交易中断，做市商制度可以弥补这方面的不足。

3.2.3 结算方式

交易所企业债托管于中国证券登记结算有限责任公司。除固定收益证券平台对于低等级公司债采取日末逐笔非担保全额结算模式外，其余交易采取净额结算（Netting）模式。交易所企业债交易机制如图 3-3 所示。

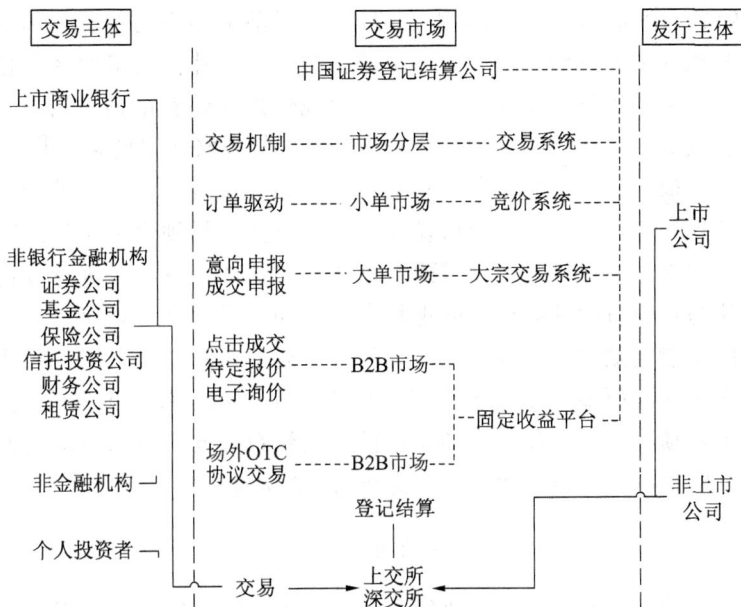

图 3-3　交易所企业债交易机制框架图

3.3　交易所企业债市场发展分析

3.3.1　发展概述

　　1990 年 12 月 19 日上交所开业当天，就有 8 只股票（即老八股）、8 只企业债、5 只国债和 9 只金融债共计 30 只证券挂牌交易，企业债是交易所主要的上市品种之一。自企业债（含公司债）在交易所开始交易以来，交易所企业债发行和交易制度改革不断深入，发行与成交额不断提升。近年来，对其重视程度更是提高到了空前高度。2011 年，上交所提出：积极酝酿制订债券发展规划，建立与股票市场同等重要的债券市场[①]。在 2013 年全国

---

　　①　上海金融网：《上交所将促股债市场比肩发展》。http://sjr.sh.gov.cn/shjrbweb/html/shjrb/jrzx_scjs/2011—11—13/。

"两会"期间，深交所负责人也提出："目前债券市场的发展仍然有客观环境的制约，但是利率市场化的推进，扑面而来的老龄化社会对债券市场的刚性需求，正在为我们发展债券市场、从根本上解决资本市场多年来的结构失衡问题提供战略性的机遇。"[1]

当前，就债券总体发行和交易额而言，银行间市场仍处于绝对领先地位，但是，在价格发现方面银行间市场则逊于交易所市场。例如，袁东（2004）对两个市场波动性的计量结果进行分析后认为，银行间债券市场的现货交易不如交易所活跃，交易所市场的功能与效率要更强一些[2]。吴蕾、周爱民和杨晓（2011）研究表明交易所债券市场价格误差更小，交易机制效率更高[3]。仅就企业债而言，交易所市场发行额、托管数额同银行间市场的差距已明显缩小，银行间市场的优势已不如从前。

3.3.2　发行与交易制度创新

企业债券的发行方式比较灵活，可以采取向特定投资者发行的私募方式或向社会公众发行的公募方式，直接发行方式或是让证券中介机构参与的间接发行方式，以及公开招标发行方式或是与中介机构协商议价的非招标发行方式。近年来，交易所企业债发行和交易制度方面不断创新与完善，例如，财政部对国债发行制度进行调整，增加了招投标发行的力度，采取竞争性招标和非竞争性招标并行的方式，使得债券发行范围进一步扩大。这也为推动交易所企业债市场发展奠定了基础。

发行方面：第一，创新融资产品。2007年证监会推出了公司

---

① 宋丽萍：《深化制度改革力促资本市场健康发展》，深圳证券交易所。http://www.szse.cn/main/aboutus/bsyw/39749517.shtml，2013－3－12。

② 袁东：《中国债券流通市场运行实证研究：交易所债券市场与银行间债券市场的比较分析》，北京：经济科学出版社，2004年。

③ 价格误差指标包括买卖报价价差、价格非连续性、噪声交易对价格的短暂冲击、做市商的存货调整等影响因素是对交易机制效率的综合性评价更是通过转托管的形式将银行间的债券存量及流动性引入交易所市场。吴蕾、周爱民、杨晓东：《交易所与银行间债券市场交易机制效率研究》，2011年第2期。

债，突破了企业债发行关于利率限制与强制担保的要求。第二，简化审批程序。针对公司债审发周期长、限制多和效率低的不足，2011 年开通公司债发行的"绿色审批通道"，证监会设立了专门的债券审核小组，实施分类审核程序，简化满足相关条件公司债的审核程序。第三，扩大发行主体。2011 年，创业板上市公司获证监会批准试点非公开债券发行工作。为了落实《国务院关于进一步促进资本市场健康发展的若干意见》提出的积极发展债券市场及相关工作的部署，2014 年，证监会再次提出扩大公司债券发行主体范围，讨论准许股权交易系统挂牌企业发债事宜，全面提升公司债券市场服务实体经济的能力。第四，提升认购规模。2010 年，上市商业银行重回交易所债券市场，一定程度上提升了交易所企业债认购主体的实力与规模。

交易制度方面：第一，完善交易制度。通过对竞价交易系统、大宗交易系统和固定收益证券平台的建设与完善，交易所分层债券市场和竞争性做市商机制逐步建立。第二，设立上证企债30ETF。为了提供债券交易对手，和提升交易所债市流动性，2013 年，博时上证企债 30ETF 及其联接基金获得证监会批准。博时上证企债 30ETF 采取"T＋0"交易，便于投资者快进快出，增加市场吸引力。

3.3.3　发行规模比较

3.3.3.1　银行间市场和交易所市场企业债发行比较

2004—2019 年 16 年期间，交易所市场企业债发行额从 37.16 亿元提到 28 926.43 亿元，增长 778.43 倍，而同期银行间市场发行额仅增长 11.07 倍。交易所企业债发行额增速远超银行间市场，由此引致交易所企业债/银行间发行额从 11.39％提升到 716.97％。特别是 2011 年以来交易所企业债发行额出现了井喷式增长，而 2013 年银行间市场企业债发行额还出现了回落，尽管在 2014—2019 年出现交替增长的趋势，但是自 2015 年之后，银行间企业债发行额远远小于交易所企业债发行额，因此，两市场发行额的差异出现反向趋势且两者之间的差异较为显著，交易所在企业债发行方面的优势明显上升。2004—2019 年银行间市场和交易所市场企业债发行情况如表 3-1 所示。

表 3-1 2004—2019 年银行间市场和交易所市场企业债发行比较

年度	银行间（亿元）	交易所（亿元）	交易所/银行间（%）
2004	326.14	37.16	11.39
2005	653.57	19.86	3.04
2006	657.32	64.12	9.75
2007	1 719.82	243.74	14.17
2008	2 337.20	391.26	16.74
2009	4 063.87	69.59	1.71
2010	3 557.11	683.30	19.21
2011	2 359.85	1 227.63	52.02
2012	6 306.17	2 888.07	45.80
2013	4 343.23	3 339.25	76.88
2014	6 961.98	4 837.10	69.48
2015	3 431.02	10 591.12	308.69
2016	5 925.70	15 571.21	262.77
2017	3 730.95	16 912.15	453.29
2018	2 412.08	17 584.59	729.02
2019	3 609.19	25 876.82	716.97

注：不包含中小企业私募债。

数据来源：银行间发行额数据来自中央结算公司《统计月报》。交易所数据根据各年《中国证券登记结算统计年鉴》计算整理。

3.3.3.2 交易所市场股票、国债与企业债发行规模比较

2004—2015 年 12 年间（注：由于 2015 年以后中国证券登记结算统计年鉴部分数据未作分类，故选取 2004—2015 年的数据），交

易所股票、国债、公司债和可转债融资结构发生了巨大变化（见表
3-2）。2006 年，股票首发融资规模实现了爆发式增长，一举突破
千亿规模，高达 4 840.96 亿元，企业债发行额仅为其 1.32%。此
后，2008、2009 年股票首发融资规模明显回落。2010 年，股票
首发融资额再次实现环比 5 倍以上的增长，达到 4 489.19 亿元。
之后又快速回落，特别是 2012 年下半年 IPO 停闸后，2013 年仅
1 家公司成功股票首发融资。而企业债和公司债发行额基本保持
持续增长，2007 年首次突破百亿规模，2011 年实现环比增长
79.66%。突破千亿规模。2012 年更是环比增长 135.26%，达到
2 888.078 亿元。2013 年保持高位持续增长，超越 3 000 亿元发
行额。2013 年末，在交易所市场，企业债融资额是股票首发与增
发之和的 5.08 倍，是国债发行额的 29.58 倍，是可转债的 6.28
倍。2014 年企业债融资额有所回落，而股票首发、增发以及国债
融资额较上年呈增长趋势。2015 年，企业债融资额出现断崖式下
跌，远远低于股票首发、增发融资额，企业债的发行家数也尚不
到 2014 年的一半。虽然自 2015 年后交易所企业债发行额相比其
他融资工具发行额无显著优势，但其仍是交易所市场重要的证券
工具，是金融市场的重要组成部分。

3.3.4　存管规模比较

第一阶段，2004—2013 年 10 年间，中国证券登记结算有限
公司（以下称中证登）登记存管的企业债数量、面值和流通市值
绝对数和相对数都显著提升。期间，中证登记存管的企业债存管
数量增长 44.58 倍，存管面值增长 36.36 倍，流通市值增长
38.96 倍。在中证登内部，企业债存管数量占比、存管面值占比
和存管市值占比也分别从 2%、3%、2% 提高到 29.55%、
26.4%、6.39%，而同期国债存管面值和市值的占比均出现了显
著下降，可见其对交易所交易活跃影响力已大不如前，股票和企
业债已经成为交易所交易的主要融资工具（见表 3-3）。

表3-2　2004—2015年交易所股票、国债、企业债和可转债发行比较

项目	2004年 数量（家）	2004年 规模（亿元）	2005年 数量（家）	2005年 规模（亿元）	2006年 数量（家）	2006年 规模（亿元）	2007年 数量（家）	2007年 规模（亿元）	2008年 数量（家）	2008年 规模（亿元）	2009年 数量（家）	2009年 规模（亿元）
首发	99	170.32	15	65.68	65	4 840.96	124	3 455.10	77	538.82	64	862.79
增发	14	28.10	4	52.30	58	411.58	168	266.43	146	209.14	132	376.16
配股	22	22.77	2	0.55	1	0.56	7	19.55	8	12.12	10	17.26
国债	19	477.27	30	93.43	39	7.24	41	154.85	32	120.45	72	187.10
企业债	10	37.16	29	19.86	21	64.12	12	243.74	34	391.26	11	69.59
可转债	13	213.03	0	0	9	110.87	10	106.48	5	77.20	95	770.23

项目	2010年 数量（家）	2010年 规模（亿元）	2011年 数量（家）	2011年 规模（亿元）	2012年 数量（家）	2012年 规模（亿元）	2013年 数量（家）	2013年 规模（亿元）	2014年 数量（家）	2014年 规模（亿元）	2015年 数量（家）	2015年 规模（亿元）
首发	349	4 489.19	277	706.20	146	450.99	1	16.86	116	349.85	214	797.29
增发	181	508.34	204	420.42	170	427.49	267	640.73	414	1 195.65	630	1 832.08
配股	20	390.07	13	566.62	8	29.25	12	56.42	15	25.26	4	4.48
国债	80	212.10	35	138.10	29	108.40	29	112.90	40	131.10	35	556.90
企业债	98	683.30	143	1 227.63	451	2 888.07	611	3 339.25	582	2 012.60	267	525.39
可转债	8	717.30	9	413.20	4	157.50	6	531.61	12	311.19	3	93.80

资料来源：根据各年《中国证券登记结算统计年鉴》计算整理，http://www.chinaclear.cn/zdjs。

表3-3 2004年与2009年交易所股票、国债、公司债和可转债存管比较

项目	存管数量				存管面值				流通市值			
	2004年		2009年		2004年		2009年		2004年		2009年	
	数量(只)	占比(%)	数量(只)	占比(%)	规模(亿元)	占比(%)	规模(亿元)	占比(%)	规模(亿元)	占比(%)	规模(亿元)	占比(%)
流通A股	1 354	82.56	1 775	79.24	2 003.88	16	13 906.58	51.39	11 068.45	67	150 073.12	93.25
国债	56	3.41	94	4.20	3 969.30	32	2 113.15	7.81	3 626	22	1 947.66	1.21
企业债	33	2.01	100	4.46	396.49	3	467.32	1.73	365.99	2	464.36	0.29
可转债	32	1.95	13	0.58	334.92	3	119.81	0.44	346.41	2	165.94	0.10

表3-4 2013年与2019年交易所股票、国债、公司债和可转债存管比较

项目	存管数量				存管面值				流通市值			
	2013年		2019年		2013年		2019年		2013年		2019年	
	数量(只)	占比(%)	数量(只)	占比(%)	规模(亿元)	占比(%)	规模(亿元)	占比(%)	规模(亿元)	占比(%)	规模(亿元)	占比(%)
流通A股	2 469	48.71	3 764	18.11	29 983.71	53.43	53 322.94	27.68	204 637.95	89.46	592 025.41	81.71
国债	177	3.49	340	1.64	2 390.86	4.26	5 933.29	3.08	2 332.35	1.02	6 013.69	0.83
企业债	1 504	29.55	1 882	9.05	14 813.51	26.40	8 151.83	4.23	14 626.78	6.39	6 647.01	0.92
可转债	27	0.53	223	1.07	1 605.96	2.86	3 721.30	1.93	1 610.02	0.70	4 053.33	0.56

资料来源:根据各年《中国证券登记结算统计年鉴》计算整理,http://www.chinaclear.cn/zdjs。

第二阶段,2013—2019 年 6 年间,中证登登记存管的企业债数量出现小幅提升,但是企业债面值和流通市值呈现下降趋势,2019 年中证登登记存管的企业债存管数量增长为 2013 年的 1.25 倍,存管面值减少为 2013 年的 0.55 倍,流通市值减少为 2013 年的 0.45 倍。在中证登内部,企业债存管数量占比、存管面值占比和存管市值占比也分别从 29.55%、26.4%、6.39%下降到 9.05%、4.23%、0.92%,而同期国债存管面值和市值的占比也均出现了显著下降,下降幅度远小于企业债下降幅度,但企业债存管数量占比、存管面值占比和存管市值占比大于同期国债存管面值和市值的占比,股票和企业债仍然是交易所交易的主要融资工具(见表 3-4)。

随着交易所企业债券质押融资功能的推出与完善,交易所便利融资和进行杠杆操作的优势逐渐凸显,2010 年以来,可跨市交易企业债转存管至中证登的数量快速增长。受交易所企业债发行额增长和转托管的影响,中证登企业债托管相对水平也快速上升。在第一阶段,即 2004—2013 年,中证登企业债存管面值/中央国债登记结算有限责任公司(以下称中债登)面值也从 32.17%提高到 63.42%。在第二阶段,即 2013—2019 年末,中证登企业债存管面值/中债登面值变为 287.07%。

3.3.5 交易情况比较

从横向相比和纵向相比两个方面来看,2004 年以来交易所企业债交易规模保持了绝对和相对快速增长(见表 3-5)。以上海交易所为例①,第一,在 2004—2013 年 10 年间,2013 年年成交笔数、成交量和成交额分别较 2004 年增长 7.39 倍、19.33 倍、66.52 倍,实现了大幅增长。从各年度具体交易额来看,10 年间每年环比增长速度均为正数,特别是 2010 年以来实现了爆发式增长。从横向比较看,上交所国债现货交易呈现逐年下降发展趋势,2004 年以前年均保持 5000 亿元以上的年交易规模,2004 年

---

① 上交所企业债发行额和存管金额均大约占交易所企业债总量的 85%,具有较强的代表性。

开始快速下降。2004—2013 年，上交所企业债现货成交额从占国债现货成交额的 3.24％，提高到 8.5 倍，可见企业债交易对交易所的重要性已大于国债。将债现货交易额已超越国债现货交易额，是其 2.41 倍。同期，上交所企业债现货企债成交额/银行间企业债现货企债成交额也发生了较大变化，经历了从高到低再到相对提升的发展过程。特别是 2013 年银行间企业债现货交易额明显下降，上交所企业债现货交易额则井喷式增长，后者占前者的比例也从 5.45％提高到 12.9％。通过纵向和横向现货交易的对比，可知交易所企业债现货交易已达到较大交易规模，对交易所债券交易和企业债交易整体的影响已不容忽视。

第二，2014—2019 年，成交笔数、成交量和成交额出现持续下降趋势，2019 年成交笔数、成交量和成交额分别为 2014 年的 0.165、0.14、0.28，出现了大幅下降。从各年度交易额具体来看，10 年间每年环比下降速度均为正数。从横向比较看，上交所国债现货交易在 2016 年达到 5 780.49 亿元的最高点后再次回落，2019 年出现小幅增长。2014 年，上交所企业债现货成交额与国债现货成交额之比为 0.032，2019 年前者为后者的 2.152 倍。但是企业债交易对交易所的重要性仍然大于国债。同期，上交所企业债现货企债成交额/银行间企业债现货企债成交额也发生了较大变化，经历了从高到低再到相对提升的发展过程。特别是 2017 年银行间企业债现货交易额明显下降，上交所企业债现货交易额也大幅下降，但后者占前者的比例也从 10.17％提高到 20.48％。

尽管交易所企业债成交总额快速增长，但是，就具体各债成交情况而言，还不够活跃，且存在较大变异系数。以 2013 年 9 月 4 日和 2019 年 12 月 31 日为例，2013 年 9 月 4 日当天算数平均数为 146.95 万元，上证企债指数 1 061 只样本企业债（含公司债）中，约 80％没有成交或成交金额近似为 0。日成交 40 万元以上的企业债仅占 11.59％，其中，仅有两只企业债成交额达到亿级水平（见表 3-6）。2019 年 12 月 31 日当天算数平均数为 7.73 万元，上证企债指数 1 688 只样本企业债（含公司债）中，约 91.41％没有

表 3-5 2004—2019 年上交所企业债与国债现货交易、银行间企债现货交易比较

年份	上交所企债现货				上交所国债现货成交额（亿元）	银行间企债现货成交额（亿元）	交易所/银行间企债成交额（%）
	成交笔数（万笔）	成交量（亿手）	成交额（亿元）	成交额环比（%）			
2019	15.55	0.30	3 447.96	35.96	1 602.53	16 442.71	20.97
2018	20.58	0.42	4 038.17	42.12	1 220.33	18 563.60	21.75
2017	48.75	0.88	5 937.66	61.93	1 740.32	28 985.78	20.48
2016	77.99	1.14	7 275.03	75.88	5 780.49	71 500.64	10.17
2015	71.60	1.40	10 223.28	106.63	4 117.52	63 904.97	16.00
2014	94.13	2.10	12 309.54	128.38	1 247.47	44 102.73	27.91
2013	91.44	1.74	6 378.26	66.52	750.46	69 329.76	12.90
2012	93.65	1.14	2 722.08	28.39	869.84	89 395.67	5.45
2011	60.19	0.57	2 313.23	24.13	1 242.90	55 899.84	4.14
2010	34.07	0.30	1 494.56	15.59	1 590.03	46 142.71	3.24

续表

年份	上交所企债现货				上交所国债现货成交额（亿元）	银行间企债现货成交额（亿元）	交易所/银行间企债成交额（%）
	成交笔数（万笔）	成交量（亿手）	成交额（亿元）	成交额环比（%）			
2009	62.78	0.26	801.13	8.36	2 054.90	24 908.98	3.22
2008	11.84	0.06	67.65	0.71	2 075.9	7 293.01	19.28
2007	7.84	0.04	44.90	0.47	1 262.2	4 910.46	6.37
2006	5.42	1.28	76.69	0.80	1 537.4	4 815.37	2.59
2005	11.19	0.13	124.88	1.30	2 772.79	108.18	115.44
2004	12.37	0.09	95.88	1.00	2 961.5	0.70	13 697.14

资料来源：根据上交所网站（http://www.sse.com.cn/market/dealingdata/overview/bond）、中国债券信息网（http://www.chinabond.com.cn/jsp/include/EJB/tjyb—more.jsp）和 CSMAR（http://www.gtarsc.com/#/index）资料计算整理。

成交或成交金额近似为 0。日成交 40 万元以上的企业债仅占 1.48％，相比 2013 年，均出现显著下降。其中，没有企业债成交额达到亿元级水平。

表 3-6　2013 年 9 月 4 日上证企债指数样本交易情况

分组	只数	占比（％）	分组	指数	占比（％）
0	851	80.21	35－40	2	0.19
0－5(不含 0)	54	5.09	40 及以上	123	11.59
5－10	9	0.85			
10－15	3	0.28	描述统计指标值		
15－20	3	0.28	均值	146.95	
20－25	7	0.66	众数	0	
25－30	3	0.28	最大值	16 385.4	
30－35	6	0.57	最小值	0	
0	1 543	91.41	35－40	1	0.06
0－5(不含 0)	75	4.44	40 及以上	25	1.48
5 月 10 日	32	1.90			
10 月 15 日	4	0.24	描述统计指标值		
15－20	6	0.36	均值	7.73	
20－25	1	0.06	众数	0	
25－30	1	0.06	最大值	5 768.48	
30－35	0	0.00	最小值	0	

资料来源：中证指数有限公司网站"下载中心"数据整理计算。

3.4　交易所企业债创新趋势分析

2020 年 4 月出台的《中共中央　国务院关于构建更加完善的要素市场化配置体制机制的意见》也明确提出推进资本要素市场

化配置,要求加快发展债券市场;稳步扩大债券市场规模,丰富债券市场品种,推进债券市场互联互通;统一公司信用类债券信息披露标准,完善债券违约处置机制;探索对公司信用类债券实行发行注册管理制;加强债券市场评级机构统一准入管理,规范信用评级行业发展。近年来交易所企业债在注册制、违约处理、短期公司债券和互联互通等多方面改革不断深化,创新发展也呈现加速发展态势。

3.4.1 推进发行注册管理制的探索

3.4.1.1 早期注册管理制度的实践

事实上,2015 年证监会就出台了《公司债券发行与交易管理办法》,通过扩大发行主体、下放发审权力、创新发行方式、完善发行定价等创新变革,向公司债注册制发行迈出了重要一步。

首先,扩大发债主体范围,提升服务实体经济能力。2007 年颁布的《公司债券发行试点办法》中,公司债发行仅限于沪深证券交易所上市公司及境外上市的境内股份公司,发行门槛较高。因此,不仅造成公司债券服务实体经济融资的能力有限,也限制了其市场规模。2015 年新的发行与交易管理办法则将发行主体扩大至所有的公司制法人,为实体经济融资提供了更加有效的渠道。

其次,简化发审流程,压缩审批时间。根据 2007 年公司债发行管理办法,公司债发行需要由证监会有关部门核准,但对核准时间没有要求,从材料报送至过发审会一般需要 2~3 个月时间。较长的发行周期可能导致融资工作的可预期性较低,造成企业错过最佳融资的市场时机和企业最佳资金使用时点,而 2015 年新的发行与交易管理办法则将很多程序下放,由交易所负责审核,明确发审委需在受理文件起三个月内做出是否核准决定。改革后从受理至出具无异议函的时间明显缩短,其中,公募债券审批时间压缩到平均 16.66 个工作日。

最后,放开发行方式,提高发行效率。2015 年新发行与交易管理办法区分为公开和私募发行两种方式,确立了"大公募""小公募"和"私募"三类债券分类管理。其中,大公募债需达到 AAA 评

级,仍需证监会核准,可面向所有投资者发行;小公募债由交易所
进行上市预审核,证监会进行简单的核准,面向机构投资者和
300万元以上净资产个人发行。而私募债为非公开发行公司债,其
发行执行备案制,仅需在发行完成后5个工作日内向中国证券业
协会备案。此外,私募债执行负面清单管理,只有挂牌转让时才需
要核查,"注册制"模式率先运用到交易所公司债发行。

通过主体扩围、简化流程极大地激活了交易所企业债市场的
融资活跃度,其满足投资者资产配置和企业融资效率的功能也得
到有效提升。以2015年万科发行的公司债15万科01(债券代码
112285)为例,在当时股票市场低迷的背景下,该债券成为市场资
金的良好配置对象,流动性涌入导致场内公司债利率大幅下降,债
券价格显著上扬。2015年9月50亿元五年期期限15万科01的
最终票面利率仅为3.50%,低于国开行金融债,且已经非常接近同
期限国债,大大降低了企业融资成本。图3-4为15万科01
(112285)2016年1月15日上市以来日K图。

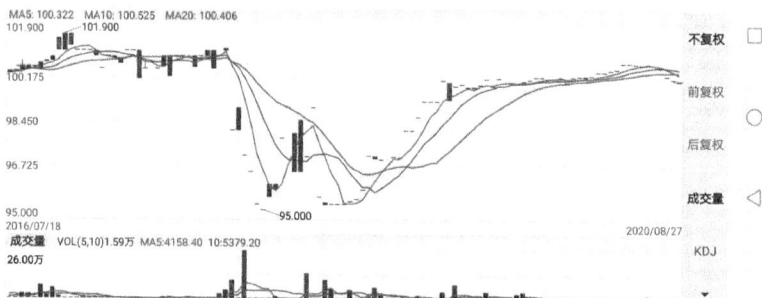

图3-4　15万科01(112285)2016年1月15日上市以来日K图

3.4.1.2　当前注册管理制度的探索

注册制是加快资本市场发展和提高直接融资比例的重要制度
基础。2020年3月1日新《证券法》正式施行,要求企业债和公司
债由核准制转为实行注册制。同日,作为债券注册制管理的配套
文件,中国证券监督管理委员会发布了《关于公开发行公司债券实
施注册制有关事项的通知》,沪深交易所也出台了相关业务的具体

安排。根据《关于公开发行公司债券实施注册制有关事项的通知》，从3月1日起，公司债公开发行实行注册制，由证券交易所负责受理、审核，报证监会履行发行注册程序。证券交易所审核工作要求重点判断债券发行是否符合《证券法》《国务院办公厅关于贯彻实施修订后的证券法有关工作的通知》等规定的公司债发行条件、交易所规定的上市条件。而非公开发行公司债券的申请文件、挂牌条件确认、转让、信息披露等按现有规定执行。

3月2日，30亿元的20中煤01(债券代码163319)通过上海证券交易所审核并提交注册。公司债率先推行注册制，成为新《证券法》实施后最早落地的金融产品。注册制要求"把一个好苹果描述给投资者，把一个虫眼也要描述给投资者"。企业债实施注册制后，信息披露成为监管核心。注册制审核的重点不在事实判断，而在信息披露，这需要重塑市场与监管二者的关系。在发行门槛降低的另一面，注册制突出强调对信息披露的要求。信息披露和事后监督是注册制有效性的"保障"与"基础"，也是打开注册制快速便捷融资之门的"通行证"。

新证券法对持续信息披露规定进行了完善，要求扩大信息披露义务人范围，具体界定了重大事件披露内容。新证券法还对发行人、证券服务机构的法律职责进行了压实，要求充分披露投资者做出价值判断和投资决策所必需的信息。新证券法明确了法定发行人控股股东及其实际控制人欺诈发行等行为，制定了第三方服务机构及其责任人员在应尽未尽职责方面的过错推定和连带赔偿责任的有关规定。为了规范公司债券的发行、交易或转让行为，保护投资者的合法权益和社会公共利益，2020年8月7日《中国证监会关于公司债券发行与交易管理办法(征求意见稿)》正式向社会公开征求意见。该办法明确提出，"发行人及其他信息披露义务人应当及时、公平地履行披露义务，所披露或者报送的信息必须真实、准确、完整，简明清晰，通俗易懂，不得有虚假记载、误导性陈述或者重大遗漏"。

随着注册制后审核效率的提升，叠加疫情下流动性宽松的驱动,2020年交易所公司债发行规模显著增长。2020年3月1日至8月31日,有281只公开发行公司债注册生效,拟发行规模合计2.11万亿元,较2019年同期小公募获批规模增长65.79%(注:公开发行公司债品种均为小公募,见上文)①。期间累计公开发行公司债670只(含注册制和核准制),达8 000亿元,同比增长36.9%。非公开发行公司债1 303只,达1.02万亿元,同比增长43.4%(注:数据来源同前)。

3.4.2 完善债券违约处置机制的探索

中国公募债市场的首单实质性违约案例是"11超日债",之后几年债券违约呈现加速和常态化加发展态势。2014年3月该债券未能按期兑付当期利息,打破了中国公募债零违约历史。之后违约主体、违约债项和违约金额总体呈现加速增长趋势,债券违约逐渐成为债券市场常态化发展特征(见表3-7)。截至2019年末,违约债项和违约金额累计数分别为431支、3534.08亿元,其中,当年新增违约主体、违约债项、违约金额分别为42家、183支和1 483.04亿元,"低违约、高刚兑"已成为债券债券市场发展的历史。

表3-7 2014年末—2020年6月末中国债券违约主体、债项和金额统计

项目	年度						
	2014年	2015年	2016年	2017年	2018年	2019年	2020年H1
新增违约主体(家)	5	25	29	40	40	42	11
新增违约债项(支)	6	27	56	125	125	183	21
违约债项合计(支)	6	33	89	248	248	431	452

① 《注册制落地半年 近6个月公司债发行规模同比增逾四成》,《经济日报》,2020年9月2日,转引自"人民号",https://mp.pdnews.cn/Pc/ArtInfoApi/article?id=15610355。

项目	年度						
	2014 年	2015 年	2016 年	2017 年	2018 年	2019 年	2020 年 H1
新增违约金额(亿元)	13.4	121.77	393.77	1 209.61	1 209.61	1 483.04	815.77
金额合计(亿元)	13.4	135.17	528.94	2 051.04	2 051.04	3 534.08	4 349.85

收益与风险均衡是金融市场的灵魂,没有违约的债券市场也并非健康有效的债券市场。打破刚兑能够倒逼金融机构增强风险识别能力,有利于投资者约束机制健全,同时也能让信用债实至名归,利于提升债券市场的风险定价能力,而优胜劣汰和利率差异也能够提升债券市场对资源的配置效率。此外,在成熟的金融市场,因信用债对市场"风吹草动"反应的高灵敏度,信用债也被誉为金融市场"矿井中的金丝雀"①。例如,在 2020 年 3 月,欧美股市大跌之前,债券市场就比股市更加敏感地反映了新冠疫情可能带来的影响,价格或成交量较早出现异常变动。包括违约风险在内的投资风险也是债券投资者对市场保持高度敏感性的前提。

但是,一方面要通过打破刚兑提升债券市场的风险定价能力,另一方面也还需完善债券市场的风险监管和处置功能。近年来,债券违约常态化和违约处置难度大,成为当前中国债券市场发展的阶段性特点。截至 2019 年末,我国公募债市场整体违约回收率约仅为 11.17%,且较 2018 年下降 3.74%②。违约案例不断增长、违约回收率过低的现象容易导致债券投资者降低对债券市场投资的意愿,影响债券市场服务实体经济体融资功能的发

---

① 金丝雀对瓦斯气体非常敏感,一旦矿井中的瓦斯含量超标,金丝雀就会停止歌唱并躁动不安。早期煤矿用金丝雀进行预警。

② 《2019 年度我国公募债券市场违约处置和回收情况研究》,和讯网。http://news.hexun.com/2020-04-10/200973616.html。

挥，同打破信用债刚兑的意愿相违背，导致债券市场进入恶性循环。

关于债券违约的原因，中国人民银行营业管理部和中债资信评估有限责任公司张帆、李同帅（2019）的研究认为外部诱因和内在原因等多种因素导致债券违约频发。其中，外部诱因主要包括去杠杆引发货币与信用收缩，内在原因主要包括过度举债、财务信息瑕疵、债务结构不合理、互保现象和公司治理缺陷①。中国证券市场违约原因多元性和阶段性的特点决定了中国债券市场风险监管和处置并无理想的借鉴模式，需要进行改革创新。《中共中央 国务院关于构建更加完善的要素市场化配置体制机制的意见》也明确提出加快发展债券市场，需要完善债券违约处置机制。

信用债违约处置存在多种方式，可以有担保方代偿、抵质押物处置进行补偿，也可以通过自主协商和仲裁来解决，还可以通过破产重组、破产清算、清算和解和求偿诉讼等多种司法途径进行处理。但是，对于公募债券而言，由于投资者分散，又无法直接接触发行人，相对流程复杂的谈判协商、仲裁或诉讼，提高违约或者存在违约风险债券的流动性也是一种理想的选择。近年来，针对特定债券的交易机制进行了多方面的探索，建立了沪深交易所特定债券转让机制、外汇交易中心协议转让或匿名拍卖机制、北京金融资产交易所动态报价机制。

为改变此前债券到期违约后即摘牌，投资者只能被动等待兑付的情形，切实满足交易所债券市场特定债券交易转让和风险处置需求，服务信用风险化解处置、化解和出清，2019 年 5 月，沪深交易所分别出台了《关于为上市期间特定债券提供转让结算服务有关事项的通知》和《为挂牌期间特定非公开发行债券提供转让结算服务有关事项的通知》，以及 2020 年 7 月证监会等三部委

---

① 张帆、李同帅：《违约债券交易化处置方式实践与探索》，《金融市场研究》，2019 年第 10 期。

制定的《关于公司信用类债券违约处置有关事宜的通知》[①]。这些制度的出台将对交易所债券市场特定债券的转让、结算、投资者适当性、信息披露等基础性制度建设发挥促进作用，同时有助于投资者通过二级市场转让化解债券违约风险，促进信用风险出清和风险定价机制形成，推动市场化、法治化债券违约处置机制的健全和完善。

3.4.3 加速两大债券市场互联互通的探索

根据 BIS 和 ISMA《金融市场基础设施原则》，金融基础设施主要包括"中央交易对手、支付系统、中央证券存管系统、证券结算系统和交易数据库"。我国出台的《统筹监管金融基础设施工作方案》明确金融基础设施包括"金融资产登记托管系统、清算结算系统、交易设施、交易报告库、重要支付系统、基础征信系统设施及运营机构"。金融基础设施互联互通和统筹监管对金融市场稳健高效运行和宏观审慎管理实施具有重要意义。针对健全风险监测预警和早期干预机制，早在 2017 年第五次全国金融工作会议就提出了"加强金融基础设施的统筹监管和互联互通"。

作为金融基础设施重要构成部分的债券市场，近年来，其发行和交易规模都实现了大幅增长，服务实体经济发展的功能显著增强。截至 2020 年 6 月末，我国债券市场托管余额已达 107.7 万亿元，排名世界第二，其中，公司信用类债券为 23.8 万亿元，是仅次于信贷市场的实体企业融资渠道。随着交易机制的完善，近年来，债券市场交易规模和活跃度也快速提升。"2019 年全年现券累计交易量达 217 万亿元，较 2015 年增长 1.4 倍"[②]。但是，在长期的历史发展中，我国债券市场发行、交易和监管形成了多

---

① 交易所违约债券的范围主要指在沪深交易所上市或挂牌，但未按约定履行偿付义务或存在较大兑付风险的有关债券，主要包括已发生兑付违约的债券，以及存在债券违约情形的发行人发行的其他有关债券等。

② 《债券市场基础设施将实现互联互通》，《人民日报（海外版）》，转引自央视网。http://news.cctv.com/2020/07/20/ARTI2wiLwtuK6Lf937h9aaiw200720.shtml。

头并举的发展格局。

从发行专管部门看，我国信用债形成了银行间市场交易商协会、证券交易所和发改委三分市场的格局。债券可分为利率债、金融债和信用债，其中，我国信用债又包括众多类型。银行间市场交易商协会发行的信用债包括中期票据、短期融资券、超短期融资债券、定向工具、ABN 等。证监会体系发行的信用债包括一般公司债、私募债、ABS、可转债、可交交换债等。发改体系发行的信用债包括一般企业债和集合企业债。截至 2019 年末，银行间市场交易商协会、证券交易所和发改委发审的各类债券存量余额比例大约为 4.48：3.54：1，形成了信用债发行三分市场的发展格局。

从债券交易市场来看，既包括银行间市场和交易所市场两大主体，还包括商业银行柜台市场、全国中小企业股份转让系统（公募公司债的交易）和证券公司柜台等。托管机构也涉及中央国债登记结算有限责任公司、上海清算所和中国证券登记结算有限公司等机构。

从债券市场发展的历史看，银行间债券市场和交易所债券市场独立运行曾经对风险防控发挥了积极作用，但是，当前其弊端逐渐显现。纷繁多元的发行准入条件、审核方式、交易规则和独立的交易市场，不仅不利于债券市场融资和资管功能发挥，也制约了债券市场宏观政策调节功能。作为多层次资本市场的重要组成部分，随着债券市场规模的扩大、参与主体的增加和产品类型的丰富，债券市场理应逐步成为宏观调控机制和政策操作工具的重要构成部分。从货币政策理论看，作为资金价格的利率是金融要素配置的核心变量，其传导机制一般依序经过政策端→银行间→交易所→实体经济等环节。由于债券交易市场的独立，银行参与交易所债券市场的交易受到较大限制，并不利于畅通银行间→交易所资金与信息的直接传递，较大程度上制约了债券市场宏观政策调节效率的有效性，也无法满足宏观审慎管理实施的要求。

当前，为了实现金融市场稳健高效运行和宏观审慎管理，银行间债券市场与交易所债券市场（下文简称"两债券市场"）互联互通已成为迫切之需。实现两债券市场基础设施和机构连接、交易流通机制统一，对债券发行方、投资者、监管部门和政策部门的意义非常明显。此外，"十四五"期间，我国金融市场对外开放加速，这有利于提升我国债券市场对外资的吸引力，对构建国内国际双循环相互促进的新发展格具有较强现实意义。事实上，在两债券市场相对独立运行的过程中，对两债券市场互联互通的探索并没有停止过。早在 2008 年，国务院出台的《关于当前金融促进经济发展的若干意见》就提出推进上市商业银行进入交易所债券市场试点。此后，两债券市场互联互通发展的改革创新就没有停止过，先后出台了多个相关文件（见表 3-8）。

特别是在建立宏观审慎监管架构的推动下，2015 年以来建立了人民银行牵头，发改委、证监会参与的公司信用类债券部际协调机制框架，有效推动了债券市场互联互通制度基础建设，在支持商业银行参与交易所市场交易、建立债券市场统一执法机制、推动公司信用类债券信息披露规则分类统一、统一监管信用评级行业、推动构建规则统一的债券违约处置框架等方面都取得实质性突破。2018 年，国务院金融稳定发展委员会也明确提出要建立统一管理和协调发展的债券市场，强调加强信用评级行业统一监管和建立统一的债券市场执法机制，加强监管部门的协调配合。为了贯彻落实全国金融工作会议金融基础设施互联互通的要求，进一步便利债券投资者，提升债券市场服务实体经济的效率。2020 年 7 月，人民银行和证监会联合发布公告，同意两债券市场开展互联互通合作，"两债券市场电子交易平台可联合为投资者提供债券交易及其他服务，登记托管结算机构可联合为发行人、投资者提供债券发行、登记托管、清算结算、付息兑付等服务"。至此两债券市场互联互通进入"实质性"发展的深水区，也将对交易所债券市场的波动产生深远影响。

表 3-8　银行间债券市场与交易所债券市场互联互通发展有关文件

时间	具体政策文件
2008 年	国务院办公厅发布《关于当前金融促进经济发展的若干意见》（国办发〔2008〕126 号，亦称"国 30 条"），在第三大部分"加快建设多层次资本市场体系、发挥市场的资源配置功能"中的第十三条明确提出推进上市商业银行进入交易所债券市场试点，正式拉开了商业银行重启交易所债券业务的大幕。
2009 年	证监会与银监会联合发布《关于开展上市商业银行在证券交易所参与债券交易试点有关问题的通知》（证监发〔2009〕12 号），明确上市商业银行可在交易所固收平台从事债券品种的现券交易。
2009 年	银监会发布《关于上市商业银行在证券交易所参与债券交易试点有关事宜的通知》（银监发〔2009〕62 号），明确了上市银行参与交易所债券业务应具备的条件以及需向银监会报送的相关材料，同时指出上市银行参与交易所债券业务不得进行股票类证券交易（含可转债等）。
2009 年	银监会发布《关于上市商业银行在证券交易所参与债券交易试点业务范围的通知》（银监发〔2009〕102 号），进一步明确上市商业银行可以在交易所从事与银行间债券市场相同债券品种的一级申购和二级现券交易、普通公司债的一级申购和二级现券交易、认股权和分离交易的可转换公司债券中的公司债券的二级现券交易。
2010 年	证监会与银监会联合发布《关于上市商业银行在证券交易所参与债券交易试点有关问题的通知》（证监发〔2010〕91 号），明确只有上市银行才具备交易所债券业务试点资格。
2011 年	上交所发布《关于上市商业银行租用会员交易单元参与债券交易有关事项的通知》（上证债字〔2011〕65 号），规定上市银行参与交易所债券业务时，应当向其会员单位租用交易单元进行，且不得转租，也不得接受其他单位或个人委托代理买卖。
2016 年	证监会发布《证券期货投资者适当性管理办法》（第 130 号令），明确商业银行是证券期货市场的专业投资者，意味着商业银行已被证监会认定为交易所市场的合格投资者。
2017 年	上交所和深交所分别发布《债券市场投资者适当性管理办法》明确商业银行是交易所债券市场的合格投资者，对证监会第 130 号令进行响应。

续表

时间	具体政策文件
2019 年	中证登发布《特殊机构及产品证券账户指南（修订）》明确,商业银行在交易所参与债券交易或因行使质押权等合法原因而持有证券交易所上市的证券,可申请开立证券账户,这意味着实行了 8 年的租赁交易单元将成为历史,而商业银行可以直接在交易所开立债券账户进行现券交易。
2019 年	证监会、央行与银保监会联合发布《关于银行在证券交易所参与债券交易有关问题的通知》（证监发〔2019〕81 号）,明确可以参与交易所债券现券交易的银行扩大至政策性银行（农发行和进出口银行）、国开行、国有大行、股份行、城商行、在华外资银行、境内上市的其他银行。至此,除非上市农村金融机构、民营银行、村镇银行外,其他银行均可参与交易所债券现券交易业务。

3.5 本章小结

首先,近 16 年的交易所企债市场发展的历史数据表明,交易所企债发行规模已超股票 IPO 年度总额、发现利率市场化程度较高、参与主体不同于银行间市场,其对拓展融资途径、建立利率市场化机制和降低金融系统风险都具有重要意义。

其次,从参与机构多元化、参与主体异质化、交易方式市场化和结算托管方式灵活性等多个方面,对交易所企业债券市场的交易机制创新发展进行了概述。

最后,对 2004—2019 年 16 年间交易所企业债券市场交易制度创新,以及发行、存管和交易规模进行了横向和纵向对比分析,其主要特点为:

(1) 交易所企业债发行额增速远超银行间市场,交易所企业债发行额与银行间发行额之比从 11.39％提升到 716.97％。特别是 2011 年以来,交易所企业债发行额出现了井喷式增长,而 2013 年银行间市场企业债发行额还出现了回落,因此,两市场发行额的差异程度显著缩小,银行间市场在企业债发行方面的优势明显下降。自 2015 年之后,银行间企业债发行额远远小于交易所企业债发行额，两市场发行额的差异出现反向趋势且两者之间的差异较为显著，交易所在企业债发行方面的优势显著上升。

（2）对比 2013 年和 2015 年的交易所市场企业债融资额和股票首发、增发、国债发行额以及可转债的融资额。2013 年末，交易所市场企业债融资额是股票首发与增发之和的 5.08 倍，是国债发行额的 29.58 倍，是可转债的 6.28 倍。交易所企业债发行额远大于其他融资工具发行额。到了 2015 年末，交易所市场企业债融资额低于股票首发、增发、国债发行额和可转债。但交易所企业债仍然是交易所市场重要的证券工具。

（3）第一，2004—2013 年，中证登记存管的企业债存管数量增长 44.58 倍，存管面值增长 36.36 倍，流通市值增长 38.96 倍。在中证登内部，企业债存管数量占比、存管面值占比和存管市值占比也分别从 2%、3%、2% 提高到 29.55%、26.4%、6.39%，而同期国债存管面值和市值的占比均出现了显著下降。第二，2013—2019 年 6 年间，中证登记存管的企业债存管数量增长 1.25 倍，存管面值减少 55%，流通市值减少 45%。在中证登内部，企业债存管数量占比、存管面值占比和存管市值占比也分别从 29.55%、26.4%、6.39% 下降到 9.05%、4.23%、0.92%，而同期国债存管面值和市值的占比也均出现了显著下降，下降幅度远小于企业债下降幅度，但企业债存管数量占比、存管面值占比和存管市值占比大于同期国债存管面值和市值的占比。

（4）2004 年以来交易所企业债交易规模保持了绝对额和相对额的快速增长。以上海交易所为例，分两阶段讨论。第一阶段，2013 年年成交笔数、成交量和成交额分别较 2004 年增长 12.05 倍、19.33 倍、92.24 倍，实现了大幅增长。交易所企业债现货交易已达到较大交易规模。第二阶段，成交笔数、成交量和成交额出现持续下降趋势，2019 年年成交笔数、成交量和成交额分别仅为 2014 年的 0.165、0.14、0.28，出现了大幅下降，但其对交易所债券交易和企业债交易整体的影响仍不容忽视。

总之，债券市场保持足够的流动性、稳定性是实现交易、价格发现、资源配置和信息传递等基本功能的保障。交易所企业债交易相对于交易所股票、银行间市场的其他类型的企业债交易规模较小，但呈现出快速增长的态势且初具规模，虽然近些年稍有回落，但对其进行研究具有现实意义，同时研究也有一定的现实可行性。

4 交易所企业债指数收益率波动的特点

2004—2019 年，交易所企业债发行额的变化较为显著。首先，2004—2013 年 10 年间，交易所企业债发行额增长 88.86 倍，为交易所国债发行额的 29.58 倍，从占银行间市场企业债发行额的 11.39％提高到 76.88％。10 年间，上证企债指数样本债券年均交易额增长 34.13 倍，中证登托管企业债流通市值也增长 38.97 倍。其次，近几年交易所企业债发行额上涨幅度有所放缓，在 2013—2018 年，企业债发行额下降 49.24％。最后，至 2019 年末，企债发行额有所上涨，与 2018 年相比，发行额上涨 49.63％。总体来看，企业债券发行额较新发行的 10 年相比，发行额趋于稳定，但交易所企业债指数收益率波动情况如何？根据上文"相关理论及文献综述部分"部分的研究，GARCH 模型对于刻画金融时间序列短期波动的时变性具有一定优势。通过对 GARCH 模型建立条件的严格判断和估计参数的严格检验，可以识别交易所企业债指数收益率波动的计量特点，对大类资产配置和多层次资本市场建设具有理论借鉴意义。

4.1 交易所企债指数时间序列的特点

4.1.1 企债指数编制方法

企业债指数包括中证指数和上证指数两大系列，上证系列是针对交易所企业债平均价格总体变动的统计指标。上证企债系列指数包括上证企债指数、上证公司债指数、上证分离债指数、信用 100 和上证企债 30 指数等。其中，上证企债指数（代码 000013，下文简称企债指数）是指在沪深交易所上市企业债中选择满足一定条件、具有代表性的债券组成，按照债券发行量加权计算，以反映交易所市场企业债整体走势和收益状况的指数。

企债指数采用派氏加权综合价格指数法计算：

$$企债指数 = \frac{报告期成分企业债的总市值+报告期企业债利息及再投资收益}{基期} \times 基期指数$$

式中总市值依据全价法计算。企债指数计算样本包括在沪深证券交易所上市的非股权连接类企业债和公司债，选择标准主要包括：剩余期限在一年以上，信用评级为 BBB 及以上。该指数样本数量并不确定，近年来数量快速增长。2012 年初为 900 余家，而 2020 年 8 月则超 4 387 家。

企债指数以 2002 年 12 月 31 日为指数基日，于 2003 年 6 月 9 日发布。企债指数编制时间早，样本涵盖范围广，与上证公司债指数、上证分离债指数、信用 100 和上证企债 30 指数相比，能够更好地反映交易所企债市场的整体表现。

4.1.2 企债指数时间序列的特点

2003 年 6 月 9 日至 2019 年 12 月 31 日期间（下文简称 2003—2019 年），企债指数收盘价总体呈上升趋势（下文若不做特殊说明，企业债指数均指收盘价），并非稳定时间序列（见图 4-1）。期间，企业债指数年均几何平均增长率约为 5.26%，为投资者带来相对较高的投资收益，4 032 个交易日的年化投资收益率为 8.49%。即使 2007 年后有所回落，但短暂回落之后仍保持稳健上升趋势，2007 年 5 月 31 日至 2012 年 5 月 31 日共 1 120 个交易日的年化投资收益率为 8.48%，均大于同期五年期存款利率，能够满足投资者多元化投资的需要。

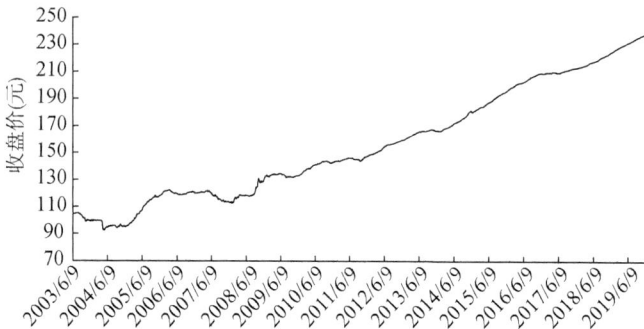

数据来源：WIND 资讯。

图 4-1　2003—2019 年交易所企业债指数时间序列图

从各年指数均值环比增速来看，企债指数均值除 2003 年、2004 年和 2007 年有一定下降外，其余年度均为正增长，其中，2005 年、2008 年、2014 年和 2015 年上涨幅度相对较大。从年内日间标准差系数来看，日间总体波动幅度不大，仅 2005 年波动幅度相对较大，其余年度标准差系数均小于 5％（见表 4-1）。

表 4-1　2003—2013 年企债指数各年均值、标准差系数和环比增速比较

年度	指数均值	标准差系数(％)	环比增长率(％)
2003	102.40	2.41	—
2004	96.39	2.17	−4.086 023 658
2005	109.37	6.77	24.081 049 22
2006	120.15	0.86	0.773 609 815
2007	117.57	2.55	−5.487 179 059
2008	120.71	4.56	17.106 482 91
2009	133.10	0.65	0.680 020 808
2010	140.60	2.03	7.417 724 363
2011	145.30	0.77	3.502 241 183
2012	154.46	2.32	7.493 517 427
2013	164.98	1.35	4.358 368 682
2014	173.30	4.73	8.732 746 147
2015	188.97	4.69	8.841 978 554

续表

年度	指数均值	标准差系数（%）	环比增长率（%）
2016	204.17	3.64	6.043 781 549
2017	210.81	1.38	2.134 879 409
2018	219.07	3.642	5.744 465 684
2019	232.69	3.69	5.742 474 350

数据来源：根据 WIND 资讯数据计算整理。

观察 2003—2019 年企债指数收盘开盘指数值变动率（也称简单收益率）和极大极小值指数值变动率（见图 4-2），可知：自 2009 年以来，二者相对趋弱，即在同一交易日内，交易所企业债指数无论是收开盘指数值还是极大极小指数值的变异绝对值都相对缩小，市场指数变动趋于稳定。

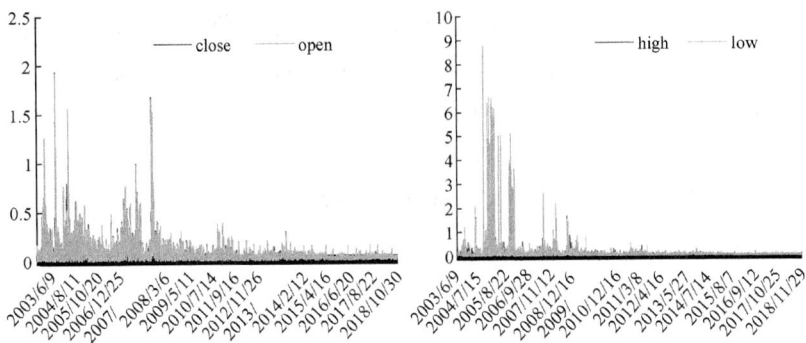

图 4-2 企债指数收开盘价变动率（左图）和极值波动率（右图）

4.2 企债指数收益率描述统计分析

借鉴 Granger 等人（2000）"逐日数据更有利于资本市场短期变化实证检验，是进行单位根和协整检验时更为妥当依据"[1]

---

[1] 转引自张碧琼、李越：《汇率对中国股票市场的影响是否存在：从自回归分布滞后模型（ARDL-ecm）得到的证明》，《金融研究》，2002 年第 7 期。

的观点，选取交易所企债指数日收益率为计量分析样本。设 R_{1t} 为企债指数连续复利收益率（也称对数收益率，下文简称企债收益率），P_t 为 t 日企债指数收盘价，以 2003 年 6 月 9 日—2019 年 12 月 31 日 4 032 个交易日的企债指数收盘价为样本原始数据，采用连续复利收益率公式：

$$R_{1t} = 100\% \times \ln(P_t / P_{t-1})$$

计算指数收益率时间序列 $\{R_{1t}\}$，以其作为企债收益率描述统计分析和计量建模型的样本数据。

4.2.1 企债指数收益率的分布

从描述统计计算结果看（见图 4-3），2003—2019 年，企债收益率时间序列 $\{R_{1t}\}$ 的均值大于零，标准差约为 0.125，远大于均值 0.020 5，证明 $\{R_{1t}\}$ 存在相对较大的波动性。偏态系数值为 −1.284，表明 $\{R_{1t}\}$ 为左尾分布。峰度系数值为 47.83，远大于 3，表明 $\{R_{1t}\}$ 为尖峰厚尾分布，在大部分时间内，企债收益率处于（−0.5，0.5）区间。统计量 $JB = 338\ 656.3$，其对应的 P 值近似为 0，也证明序列 R_{1t} 不服从正态分布。可见，交易所企业债指数收益率序列 $\{R_{1t}\}$ 具有显著的尖峰、厚尾与左尾特征。

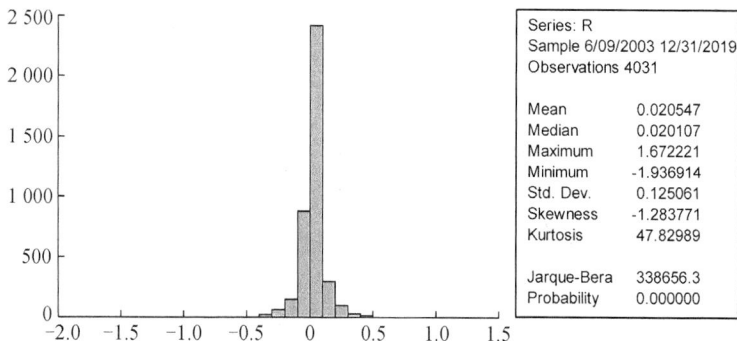

图 4-3 2003—2019 年企债指数收益率柱状分布图

进一步从高分辨率状态概率图（简称 Q-Q 图，见图 4-4）来看，企债收益率时间序列 $\{R_{1t}\}$ 左下方向下弯曲，右上方向上弯曲，也说明该分布存在厚尾现象，并不服从正态分布。

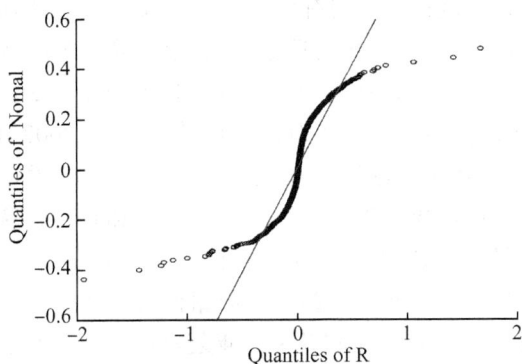

图 4-4 交易所企业债指数收益率时间序列与正态分布 Q-Q 图比较

4.2.2 企债指数收益率时间序列的特征

从企债指数收益率时间序列图（见图 4-5）可知，第一，$\{R_{1t}\}$ 无明显的上升或下降趋势，具有均值回复的特点，大致可以判断其属于平稳时间序列，存在内在的价格均衡机制。第二，较大波动之后往往跟着较大波动，较小波动之后往往跟着较小波动，存在正反馈效应，具有"集群"和"时变"特点。图 4-5 直

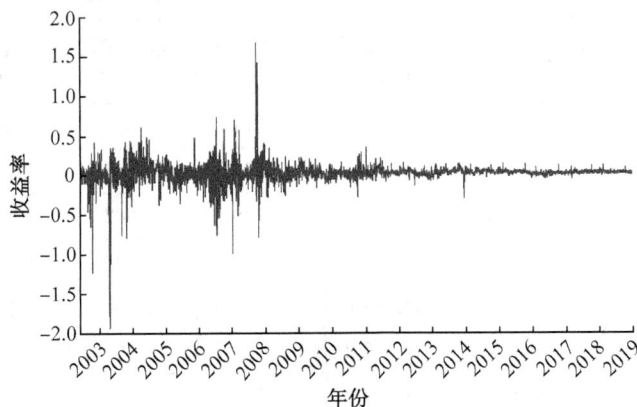

图 4-5 2003—2019 年交易所企债收益率时间序列图

观地表明企债收益率时间序列 $\{R_{1t}\}$ 的均值和方差并非常数，可能均存在异方差特征，同有效市场理论金融波动不相关的假设矛盾。第三，2008 年 8 月之后波动较为平缓，之前波动较为剧烈。分具体区间看，2003 年 9 月至 2004 年 12 月、2006 年 12 月至 2008 年 6 月波动较大，特别是 2004 年 1 月和 2008 年 9 月。

从 2004—2019 年各年企债收益率情况比较来看，各年之间年化收益率、年复利收益率、日收益率均值和日收益率标准差都存在较大差异，也证明了企债指数收益率时间序列 $\{R_{1t}\}$ 的均值和方差并非常数（见表 4-2）。就数据而言，年度之间存在较大差异，例如，2016 年年化收益率、年复利收益率、日收益率均值分别为 2015 年的 68.35%、69.26%、69.00%，日收益率标准差却为 2015 年的 94.41%；2017 年年化收益率、年复利收益率、日收益率均值分别为 2016 年的 35.32%、36.00%、36.13%，但是日收益率标准差却为 2016 年的 91.70%。这些数据关系说明：

第一，均值和标准差年度之间存在一定差异，企债指数收益率时间序并非白噪声过程。

第二，各年之间存在较大差异，且高风险未必能够获得相同程度的收益，投资具有一定挑战性，债券投资择时也很重要。

表 4-2　2004—2019 年各年企债收益率情况比较

年度	收盘指数	年化收益率（%）	年复利收益率（%）	日收益率均值（%）	日收益率标准差（%）
2004	95.843	−6.137 4	−4.171 8	−0.016 3	0.254 5
2005	118.923	36.320 6	21.576 5	0.089 5	0.144 8
2006	119.843	1.171 6	0.770 6	0.002 4	0.103 5
2007	113.267	−8.276 1	−5.643 5	−0.023 2	0.197 4
2008	132.643	25.381 6	15.791 3	0.065 8	0.256 7
2009	133.545	1.017 2	0.677 7	0.002 2	0.093 1
2010	143.451	11.187 9	7.155 5	0.028 8	0.065 8
2011	148.475	5.239 0	3.442 3	0.014 0	0.067 5

年度	收盘指数	年化收益率（%）	年复利收益率（%）	日收益率均值（%）	日收益率标准差（%）
2012	159.601	11.255 7	7.226 0	0.030 1	0.044 1
2013	166.557	6.684 1	4.266 1	0.017 9	0.037 7
2014	181.102	13.010 0	8.372 3	0.034 4	0.043 5
2015	197.115	13.226 7	8.472 7	0.034 5	0.024 3
2016	209.028 2	9.040 9	5.868 2	0.023 8	0.022 9
2017	213.490 7	3.193 6	2.112 4	0.008 6	0.021 0
2018	225.754 6	8.628 5	5.585 5	0.022 8	0.019 1
2019	238.718 5	8.590 2	5.583 6	0.022 6	0.015 9

4.2.3 企债指数收益率月度变化特征

金融资产时间序列是否存在月度效应或类似特殊时间点/段效应，也是金融时间序列分析关注点之一。在剔除年度收益率标准差大于 0.2 的 2004 年和 2008 年，计算 2004—2019 年企债收益率的月均值及 2018 年、2019 年的月均值并进行比较，寻求企债收益率的月度变化特征。从图 4-6 三条线之间的比较可见，总体而言，企债指数收益率并无显著的月度变化规律。大致的趋势是年初相对较高，二季度末开始进入收益率低点，10 月份开始复苏，但是，第四季度并无相对清晰的波动规律，三者分歧较大。尽管不存在确定的月度变化规律，但是，大致可以判断上半年企债收益率相对较高，下半年相对较低，国内资金供求变化可以在一定程度上解释这一变动趋势。

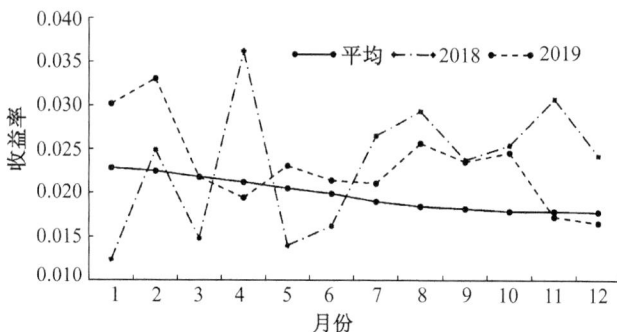

图 4-6　2004—2019 年交易所企债收益率月度变化比较

4.3　企债指数收益率 ARMA 模型

4.3.1　平稳性检验

Brooks（2003）指出时间序列如果不平稳，会很强烈地影响时间序列的行为与特征，只有平稳时间序列 ARMA 模型的估值结果才具有可推广性，时间序列具有平稳性是运用自回归移动平均方法的首要前提。

从上文企债指数收益率时间序列图（见图 4-5）可知，$\{R_{1t}\}$ 具有"成群"和时变现象，但是，其各观测值围绕其均值上下波动，均值相对时间而言是一个常数，即波动是平稳的。进一步使用统计指标增广 Dickey-Fuller（下文简称 ADF）对企债收益率序列 $\{R_{1t}\}$ 进行平稳性计量检验。在无截距项和趋势项、含截距项、含截距项和趋势项三种情况的 ADF 检验结果中，样本 t 统计值分别为 $-13.435\,7$、$-18.648\,6$、$-18.677\,5$，均远小于 1%、5%、10% 显著水平下的临界值，且绝对值较大，对应的单边概率值也近似为 0。据此判定企债收益率序列 $\{R_{1t}\}$ 不包含单位根，为平稳序列，满足建立 ARMA 模型的条件（见表 4-3）。

表 4-3 企业债指数收益率时间序列单位根检验（ADF）结果

检验方式	t 统计量值	临界值	伴随概率	结论
		1%显著性水平	单边 P 值	
无截距项和趋势项	-13.4357	-2.5655	0.0000	拒绝 R 含单位根的原假设
含截距项	-18.6486	-3.4318	0.0000	拒绝 R 含单位根的原假设
含截距项和趋势项	-18.6775	-3.9603	0.0000	拒绝 R 含单位根的原假设

4.3.2 白噪声检验

ARMA 模型是由博克斯（George Box）和詹金斯（Gwilym Jenkins）建立的，也称为 B-J 法。其中，AR 是自回归（Autoreression）模型的简称，表示决定自变量 $\{R_t\}$ 变化的主要因素是时序在不同滞后期的取值，即随机变量 $\{R_t\}$ 的变化受到其自身变化的影响，而不是因变量为代表的外界因素。MA 是移动平均（Moving Average）模型的简称，表示前期预测误差对模型当期预测值的修正，即 $t+1$ 期的预测值 $\hat{R}_{t+1}$ 等于初始值 R_{t-i} 加上 $t-i$ 期至 t 期的误差项。AR 模型和 MA 模型的有效组合构成了 ARMA 模型，用于对既随时间变化而又相互关联数字序列的描述，"能更本质地认识这些动态数据的内在结构和复杂特性，实现在最小方差条件下的最佳预测[1]"。

自相关、偏自相关性和 Q 统计量是检验序列自相关的一般方法，适合于高阶自相关检验。对企债收益率序列 $\{R_{1t}\}$ 做最大滞后期为 12 的自相关、偏自相关和 Q 统计量计算（结果见表 4-4）。相伴概率 P 值为相应自由度下的 χ^2 统计量，表示 Q 统计量大于样本计算值 Q_k 的概率。在表 4-4 中，Q 统计量对应的相伴概率 p 值趋

---

[1] 易丹辉：《时间序列分析方法与应用》，北京：中国人民大学出版社，2012 年，第 48 页。

近于 0,滞后 6 阶自相关系数和滞后 2 阶偏自相关系数均超出其标准差 2 倍。据此可知在 1% 显著性水平下,自相关和偏自相关系数显著不为 0,即交易所企债指数收益率序列 $\{R_{1t}\}$ 具有自相关性和非自相关性,并非一个白噪声过程。

表 4-4　企业债指数收益率时间序列自相关、偏自相关性与 Q 统计量计量结果

Autocorrelation	Partial Correlation		AC	PAC	Q-Stat	Prob
		1	0.274	0.274	303.34	0
		2	0.245	0.183	544.57	0
		3	0.161	0.063	649.65	0
		4	0.136	0.049	724.56	0
		5	0.107	0.030	770.80	0
		6	0.141	0.079	850.54	0
		7	0.072	−0.011	871.42	0
		8	0.058	−0.008	884.79	0
		9	0.026	−0.020	887.56	0
		10	0.103	0.085	930.13	0
		11	0.088	0.043	961.70	0
		12	0.073	0.005	983.01	0
		13	0.020	−0.040	984.67	0
		14	0.075	0.051	1 007.2	0
		15	0.036	0.000	1 012.4	0
		16	0.080	0.038	1 038.1	0
		17	0.055	0.005	1 050.5	0
		18	0.035	−0.013	1 055.5	0
		19	0.056	0.039	1 068.1	0
		20	0.084	0.047	1 096.5	0
		21	0.049	−0.009	1 106.3	0
		22	0.014	−0.049	1 107.1	0
		23	0.029	0.015	1 110.6	0
		24	0.001	−0.022	1 110.6	0

注:P 值为相应自由度下的 χ^2 统计量。

4.3.3　ARMA 模型阶数的识别

需要建立自回归移动平均模型(ARMA)。根据自相关、偏自相关性与 Q 统计量计量结果,当 $k>2$ 时,PAC 呈几何状递减,存在截尾状态,而 AC 表现为拖尾状态,初步判断 $\{R_{1t}\}$ 是

一个 AR（2）过程。同理可见，当 $k > 6$ 时，AC 表现为截尾状态，PAC 为指数衰减，初步判断 r_t 是一个 MA（6）过程。

在通过 t 检验、F 检验和 DW 检验等各项回归检验的方程中，进一步利用信息准则 AIC、SC 最小化准则，对 $p \leqslant 2$，$q \leqslant 6$ 的所有可能组合模型进行比较。经试算比较，ARMA（1，3）具有最小的 AIC 值。但是，ARMA（1，3）和 ARMA（1，1）相比较，前者为 $-1.440\,843$，后者为 $-1.438\,780$，二者的 AIC 值差异不大（见表 4-5），且 ARMA（1，1）的 SC 值也小于 ARMA（2，6），而 SC 的惩罚性严于 AIC。此外，MA（2）项的系数值也仅为 $0.012\,333$，绝对值较 AR（1）项和 MA（1）项较小。在差异不大情况下，依据建立简约模型的原则，选择 ARMA（1，1）过程建立自回归移动模型。

表 4-5 ARMA（1，3）与 ARMA（1，1）估计结果比较

	AIC 值	SC 值	HQ 值	F 值	AR 特征根	MA 特征根
ARMA(1,3)	$-1.440\,8$	$-1.431\,5$	$-1.437\,5$	$105.904\,6$	$1.111\,111$	$1.250\,000$
ARMA(1,1)	$-1.438\,8$	$-1.432\,5$	$-1.436\,6$	$171.951\,8$	$1.219\,512$	$1.639\,344$

	AR(1) 系数	MA(1) 系数	MA(2) 系数	MA(3) 系数	DW
ARMA(1,3)	$0.020\,6$	$0.902\,0$	$-0.700\,6$	$0.012\,3$	$-0.075\,8$ ... $1.996\,4$
P 值	$0.000\,0$	$0.000\,0$	$0.000\,0$	$0.105\,2$	$0.000\,0$
ARMA(1,1)	$0.020\,6$	$0.815\,6$	$-0.608\,5$	—	— ... $2.005\,5$
P 值	$0.000\,0$	$0.000\,0$	$0.000\,0$		

从表 4-5 可见，ARMA（1，1）过程的 AR 特征根和 MA 特征根分别为 $1.219\,512$、$1.639\,344$，均大于 1，在单位圆之外，模型 ARMA（1，1）满足整体平稳性要求。AR（1）项与 MA（1）项系数的伴随概率 P 值也均小于 1%，显著不为 0。

4.4 企债指数收益率波动的长记忆性

4.4.1 异方差性（ARCH）检验

尽管 ARMA（1，1）模型的统计量显著，拟合程度也不错，但由残差时间序列图（见图 4-7）可见，其波动存在比较严重的集群现象，说明 ARMA（1，1）模型的误差项可能具有自回归条件异方差，残差项（ε_t）的条件方差（σ^2）依赖于前期值 ε_{t-1} 的大小。

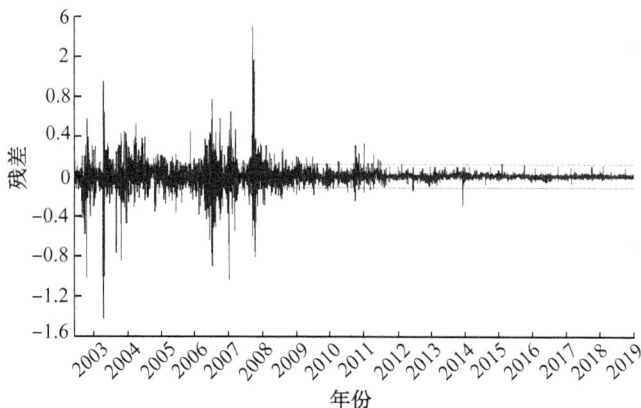

图 4-7　企债收益率 ARMA（1，1）模型残差时间序列图

对 ARMA（1，1）模型残差序列进行滞后 2 期的 ARCH-LM 检验。该方法主要通过输出 F 统计量及其拉格朗日乘数值来判断是否存在 ARCH 效应，如果 F 统计量或拉格朗日乘数计算的概率 P 值小于置信水平 0.05，则拒绝原假设，认为存在 ARCH 效应，否则认为不存在 ARCH 效应。求得自回归条件异方差的拉格朗日（LM）检验式为：

$$\widehat{\varepsilon_t^2} = -0.006\,816 + 0.352\,010\varepsilon_{t-1}^2 + 0.156\,276\varepsilon_{t-2}^2$$

t 统计量　　（6.037 930）（22.613 22）（10.039 17）

模型过程：$AIC = -1.440\,789, SC = -1.432\,973$

$$DW = 2.000\,626$$

其中统计量 t 值的相伴概率值均近似为 0，说明各参数的系数显著不为 0。统计量 $F = 4.957\,206$，其相伴概率趋近于 0，说明 ARMA（1，1）模型整体显著。

检验统计量拉格朗日乘数 $LM = TR^2 = 782.564\,7 > \chi^2_{0.05(2)} = 5.99$，观察值 LM 统计量的相伴概率亦趋近于 0，说明时间序列 $\{R_{1t}\}$ 的 ARMA（1，1）模型存在明显的 ARCH 效应。同样做滞后更多阶的 ARCH-LM 检验，检验结果对滞后阶数不敏感，因此时间序列 $\{R_{1t}\}$ 存在高阶条件异方差性，滞后阶数选择并不重要（见表 4-6）。

表 4-6 不同阶数 ARCH-LM 检验结果比较

阶数	1	2	3
F	848.851 5	485.240 8	327.446 8
相伴概率	0.000 0	0.000 0	0.000 0
LM	701.450 8	782.564 7	790.371 1
相伴概率	0.000 0	0.000 0	0.000 0
阶数	4	5	6
F	245.767 0	198.529 5	176.399 3
相伴概率	0.000 0	0.000 0	0.000 0
LM	790.961 2	797.263 0	839.186 4
相伴概率	0.000 0	0.000 0	0.000 0

4.4.2 企债收益率波动的长记忆性

检验证明，时间序列 $\{R_{1t}\}$ 具有尖峰厚尾和波动丛聚的特点，$\{R_{1t}\}$ 存在自回归，均值模型 ARMA（1，1）存在高阶条件异方差，需要建立自回归移动平均模型和条件异方差的联合模型，即 ARMA-GARCH 模型。

4.4.2.1 ARMA-GARCH 理论模型构建

ARMA-GARCH 模型具有优良的统计特性，在时间序列分析中具有重要意义。首先，ARMA 模型通过将时间序列变量表示成过去观测值和白噪声项之和的线性函数完成建模，能够将具有复杂自相关的平稳时间序列建模工作简约化，与单纯地运用 AR 模型（即自回归过程）或是 MA 模型（即移动平均过程）相比，它使用更小的参数，优化拟合效果。其次，对于 ARMA 模型需假定波动率（即条件方差）为一个常数，一般很难适合对金融市场波动率进行建模。而建立 ARMA 和 GARCH 联合模型既将 GARCH 过程作为 ARMA 过程的噪声项，包含了一个非常数条件均值，也包含了一个非常数条件方差，能够更好拟合金融时间序列的变化。

用 ARMA（1，1）模型拟合 $\langle R_{1t} \rangle$ 的期望值，用 GARCH 模型拟合 $\langle R_{1t} \rangle$ 的方差。在企债指数收益率时间序列 $\langle R_{1t} \rangle$ 的条件方差为非常数时，建立 ARMA-GARCH 模型估计 $\langle R_{1t} \rangle$ 的波动性既能简约模型，又能良好地拟合其尖峰厚尾、波动集群与波动持久等特征。设其基本方程为：

$$r_t = c + \sum_{i=1}^{p} \phi_i r_{t-i} + \sum_{j=1}^{q} \theta_j \varepsilon_{t-j} + \varepsilon_t \qquad (4\text{-}1)$$

$$\sigma_t^2 = \alpha_0 + \sum_{i=1}^{r} \alpha_i \varepsilon_{t-i}^2 + \sum_{j=1}^{s} \beta_j \sigma_{t-j}^2 \qquad (4\text{-}2)$$

其中，式（4-1）表示时间序列 $\langle R_{1t} \rangle$ 的均值方程 ARMA（p，q），p 和 q 分别表示自回归（AR）项和移动平均（MA）项的阶数。式（4-2）表示广义条件异方差方程，ε_{t-i}^2（ARCH 项）表示均值方程残差平方的滞后项，即前期的波动程度，它反映了波动率的短期记忆效应。σ_{t-j}^2（GARCH 项）表示上一期的预测方差，σ_t^2 代表条件方差，反映了波动率的长期效应。r 是 ARCH 项的阶数，s 是 GARCH 项的阶数。ϕ_i、θ_j、α_i 和 β_j 为不为零的待定系数，且需满足 $\alpha_0 > 0$，$\alpha_i \geqslant 0$ 和 $\beta_j \geqslant 0$。

4.4.2.2 ARMA 方程是否包含常数项的判断

对于交易所企业债收益率移动自回归均值方程，是否包含常数项对下文风险溢酬效应的判断存在本质影响，因此需要做出识别。基于以下几方面的原因，建立包含常数项的 ARMA 方程是优良的选择。

（1）样本期间均值为 0.020 547，众数为 0，二者差异较大，均值不能忽略不计。

（2）包含常数项并不影响上文企债收益率时间序列 ADF 稳定性检验的结果，对下文 ARMA-GARCH 模型估计结果的显著性也无影响。且包含常数项 ARMA-GARCH 模型具有较小的 AIC 和 SC，为相对优良的估计模型。

（3）不同 ARMA-GARCH 模型估值方法下，常数项估计结果位于区间（0.015 192，0.021 997）之间，相对较大，它反映了 AR 项和 MA 项之外信息对均值预测值的影响，具有独立的经济意义，也不宜忽略。

4.4.2.3　对 ARMA-GARCH 模型误差分布和计算方法的选择

经过计算比较发现，误差分布对企债收益率时序 ARMA-GARCH 模型估值结果，以及下文杠杆效应和风险溢酬效应的分析具有实质性影响，需谨慎识别。由表 4-7 可知，对于 ARMA（1，1）-GARCH（1，1）GED 分布和 t 分布假设模型，在 1% 置信水平水平下，各参数均具有显著性，方程整体也具有稳定性，并且消除了异方差。但在 GED 分布假设下，信息准则 AIC 和 SC 的计算值较 t 分布相对较小，正态分布的信息准则值最大。依据信息准则最小原则，判定 GED 分布假设具有相对优良估计性。

同样对计算方法进行选择，发现 Marqardt 与 BHHH 算法估计结果近乎不存在差异，不要需太过关注。

表 4-7　t 分布与 GED 分布 ARMA（1，1）-GARCH（1，1）
模型估计结果比较

	变量	参数估计值		
		GED 分布	t 分布	正态分布
均值	C1	0.015 192*	0.017 222*	0.021 997*
方程	AR(1)	0.960 586*	0.962 15*	0.919 892*

续表

	变量	参数估计值		
		GED 分布	t 分布	正态分布
	MA(1)	$-0.858\,002^*$	$-0.858\,785^*$	$-0.717\,008^*$
方差	C2	$0.000\,009^*$	$0.000\,007^*$	$0.000\,489^*$
方程	ARCH(1)	$0.105\,642^*$	$0.101\,832^*$	$0.140\,326^*$
	GARCH(1)	$0.902\,635^*$	$0.910\,897^*$	$0.590\,326^*$
AIC		$-3.016\,450$	$-1.141\,320$	$-2.277\,912$
SC		$-3.005\,505$	$-1.130\,375$	$-2.268\,530$
AR 特征根		$1.041\,667$	$11.111\,111$	$1.086\,957$
MA 特征根		$1.162\,791$	$-12.500\,000$	$1.388\,889$
异方差检验:F 统计量		$1.706\,919$	$2.527\,6$	$1.028\,301$
		$(0.163\,3)$	$(0.055\,6)$	$(0.378\,8)$
异方差检验:TR^2 统计量		$5.119\,332$	$7.576\,0$	$3.085\,604$
		$(0.163\,3)$	$(0.055\,6)$	$(0.378\,6)$

注：*、** 表示系数在显著性 1%、5% 水平下通过 t 检验，具有显著性。没有记号的表示不需要进行判断，括号内数值为对应相伴概率 P 值。

4.4.2.4 对滞后阶数的判断

经过多次对比定阶变量 AIC 和 SC 之值，确定 ARCH 至少滞后 5 阶，存在高阶 ARCH 效应。因滞后项较多，应考虑选择 GARCH 模型。使用 EViews 7.0 软件进行多次计算和比较，可知在满足似然检验条件和广义条件方差方程系数为正的条件下，依据 SCI 最小化原则，确定 ARCH 项和 GARCH 项的阶数均为 1，即需建立 GARCH（1，1）模型①。

综合以上判断，利用 EViews 7.0 软件估计 GED 分布状态的

---

① GARCH（2，1）具有相对较小的 SCI，但其系数为负，不符合条件异方差约束条件的要求。

ARMA（1，1）-GARCH（1，1）模型。从表 4-7 可知，在 1‰ 显著性水平下，均值方程中各系数和方差方程中 ARCH 和 GARCH 项的系数均是显著的，证明交易所企业债收益率存在波动率聚集现象。ARMA（1，1）-GARCH（1，1）模型 AR 和 MA 项的特征根均大于 1，满足整体平稳性要求。

再次做自回归条件异方差滞后 3 期的 LM 检验[①]。从正态分布统计量 F 值为 1.706 919，拉格朗日检验统计量 LM 值为 5.119 332，F 和 LM 的相伴概率 p 值分别为 0.163 3、0.163 3，回归系数项统计量 t 对应的概率均为 0.633 48，以上统计量相伴概率均大于 0.1，可见无法通过显著性检验，即无法拒绝 ARCH 项的系数显著不为 0。证明均值方程 ARMA（1，1）模型在配有 GARCH（1，1）模型后，已消除了自回归异方差效应。

4.4.2.5 对波动记忆性的解释

从误差分布为 t 分布 ARMA（1，1）-GARCH（1，1）模型的估计结果可知，

第一，ε_{t-1}^2（ARCH 项）的系数 a 为 0.105 642，σ_{t-1}^2（GARCH 项）的系数 β 为 0.902 635，二者均大于 0，说明 GARCH 过程存在正反馈条件，计量证明了企债收益率时间序列具有波动丛聚特点。

第二，条件异方差常数项 a_0（0.000 009）近似为 0，说明当期波动率的预测值仅是当前信息与历史信息影响的结果。

第三，α（0.105 642）和 β（0.902 635）之和约等于 1，证明交易所企业债指数收益率波动具有持久性，一旦出现大的波动，在短期很难消除。

第四，弹性系数 α 衡量了市场随机因素对未来波动的冲击程度，α（0.105 642）相对 β（0.902 635）较小，说明市场随机因素对企债收益率未来波动的冲击程度较弱，只有大的外部冲击，市场才可能对波动产生显著影响。

---

① 滞后 1 期及更多期与滞后 3 期 AIC 值变化不大，检验结果对滞后阶数也不敏感

第五，弹性系数 β（0.902 635）远大于 α（0.105 642），证明波动对初始值更加敏感，条件方差的冲击要经过相当长一段时间才会消失，交易所企债市场波动具有长记忆性和混沌特征。

4.5 企债收益率波动的杠杆效应

杠杆效应一般是指利空冲击往往比利好的冲击引起更大的波动，即存在非对称性。为了刻画利好消息和利空冲击的不对称性，Zakoian（1991）和 Nelson（1991）在标准 GARCH 模型的基础上构建了 TARCH 和 EGARCH 等非对称 GARCH 模型。

第一，建立 ARMA（1，1）-TGARCH（1，1，1）门限模型。条件方差方程估计结果为：

$$\sigma_t^2 = 0.000\ 011 + 0.072\ 101\varepsilon_{t-1}^2 + 0.905\ 742\sigma_{t-1}^2 + $$
$$0.062\ 916D_t\varepsilon_{t-1}^2$$

Z 值(4.568 078)(7.902 529)　　　(134.628 3)　　　(4.059 057)

P 值(0.000 0)　　(0.000 0)　　　(0.000 0)　　　(0.000 0)

其中，D_t 表示绝对残差变化方向的哑变量，当 $\varepsilon_{t-1} < 0$ 时，$D_t = 1$；否则 $D_t = 0$。从以上估计结果可以，在 1% 置信水平水平下，$D_t^2\varepsilon_{t-1}$ 系数项估计值具有显著性，即拒绝其为 0 的假设。据此可知企债收益率波动存在杠杆效应，利空和利好消息冲击对波动存在不对称现象。当出现利好消息时 $\varepsilon_{t-1} > 0$，则 $D_t = 0$，该冲击会对企债收益带来 0.072 101 倍的冲击；相反，出现利空消息时 $\varepsilon_{t-1} < 0$，则 $D_t = 1$，该冲击会对企债收益带来 0.135 017 倍的冲击。

第二，建立 ARMA（1，1）-TGARCH（1，1，1）指数模型。条件方差对数方程估计结果为：

$$\ln\sigma_t^2 = -0.175\ 908 + 0.198\ 441^* \left|\frac{\varepsilon_{t-i}}{\sqrt{\sigma_{t-i}^2}}\right| - 0.030\ 877^* \frac{\varepsilon_{t-k}}{\sqrt{\sigma_{t-i}^2}} + $$
$$0.994\ 121^* \ln\sigma_{t-i}^2$$

Z 值(−12.491 41)(15.177 60)　(−3.505 604)　(699.089 2)

p 值　(0.000 0)　　(0.000 0)　　(0.000 0)　　(0.000 0)

其中，$\dfrac{\varepsilon_{t-k}}{\sqrt{\sigma_{t-i}^2}}$ 为非对称项，其系数估计值在置信度为 1% 下具有显著性，拒绝系数为 0 的原假设。ARMA（1，1）-TGARCH（1，1，1）指数模型同样表明企债收益率波动存在杠杆效应。

本研究关于企债收益率不存在杠杆效应的结论和国内多数关于债券指数波动率研究成果较为一致。对于 2003 至 2019 年，假设企债收益率误差分布服从正态分布，GED 和 t 位于分布假设下，杠杆效应均存在。据此可知企债收率波动存在杠杆效应，利空和利好消息冲击对波动存在不对称现象。

4.6 企债收益率波动的风险溢酬效应

4.6.1 对风险溢酬效应的初步识别

引入条件异方差（σ_t^2）作为时间序列 $\{R_t\}$ 均值方程的解释变量，建立 ARMA-GARCH-M 模型。GARCH-M 模型（GARCH-in-mean）均值方程的估计结果为：

$$R_t = 0.016\,306 + 0.961\,317R_{t-1} - 0.856\,316\varepsilon_{t-1} + 0.114\,373\sigma_t^2 + \varepsilon_t$$

Z 值(4.958 984) (166.685 1)　(−75.895 64)　　(0.769 008)

p 值(0.000 0)　　(0.000 0)　　(0.000 0)　　　(0.441 9)

其中，$\sqrt{\sigma^2}$ 的系数反映了风险与收益之间的权衡（tradeoff）关系，或投资者的相对风险厌恶系数。$\sqrt{\sigma^2}$ 的系数对于 0 表示风险（波动性）和收益水平同向变动，小于 0 则表示二者之间为反向关系。从统计检验量 Z 可知，在 10% 显著性水平下，接受 $\sqrt{\sigma^2}$ 系数为 0 的假设。类似地，将 σ_t^2 及其对数代入 GARCH-M 模型也均无法通过检验。证明交易所指数收益率均值和风险并不存在明显的正相关关系，即不存在风险溢出效应。并且，AR 的特征根为 1.041 7，MA 的特征根为 1.162 8，二者均大于 1，表明方程具有稳定性。通过拉格朗日残差滞后 2 期检验，统计量 $F=1.588\,430$，$LM=3.176\,721$，F 和 LM 的相伴概率 p 值分别为 0.204 4、0.204 3，以上相伴概率均大于 0.1，可见无法通过显著性检验，估计模型消除了异方差。

4.6.2 对风险溢酬效应的再识别

在上述 ARMA-GARCH-M 模型中，重新估计不包含常数项的 GARCH 均值方程（这一称呼习惯用来表示包含 σ_t^2 项的均值方程），极大似然估计的结果为：

$$R_t = 0.974\,092R_{t-1} - 0.867\,800\varepsilon_{t-1} - 0.232\,286\sigma_t^2 + \varepsilon_t$$

Z 值（230.945 6）（$-$ 92.415 17）（$-$ 2.262 964）

p 值（0.000 0）　　（0.000 0）　　（0.023 6）

从方程估计结果来看，在 5% 的显著性水平下，σ_t^2 的系数显著不为 0。系数 $-2.262\,964$ 表示风险和收益之间存在反向关系。并且 AR 的单位根为 1.030 9，MA 的单位根为 1.149 4，特征根大于 1，表明方程整体具有稳定性。进行拉格朗日残差滞后 2 期检验，统计量 $F = 1.303\,289$，$LM = 2.606\,933$，F 和 LM 的相伴概率 p 值分别为 0.271 8、0.271 6，以上相伴概率均大于 0.1，表明异方差项显著为 0，估计模型有效消除了异方差。

但是，这并不能据此得出"风险和收益之间存在反向关系"。上文含常数项的均值方程否定了企债收益率时间序列存在风险溢酬效应，问题的另一面是 σ_t^2 和 R_t 二者之间究竟存在什么关系呢？从 σ_t^2 和 R_t 之间的线图（见图 4-8），可以直观观测到二者之间并无清晰、稳定的关系。图形直观地显示出 σ_t^2 和 R_t 之间并不存在负向关系。

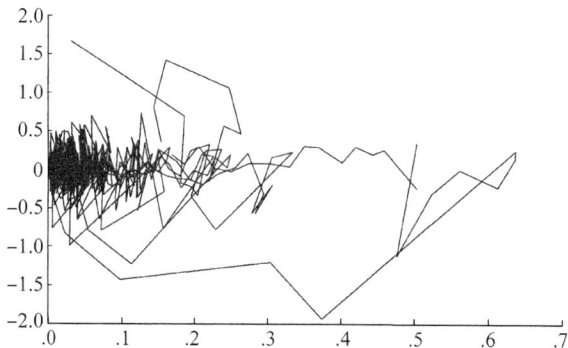

图 4-8　2003—2019 年企债收益率风险—收益线图

本章上文 ARMA-GARCH 模型建立之初也给出了关于是否建立包含常数项均值方程判断的三点理由，"关于企债指数收益率时间序列特征"描述统计部分关于月度静态均值和标准差关系的分析，结论也支持二者之间不存在正向关系。这些直观的结论显然都支持建立包含常数项的均值方程估计效果要优于不包含常数项的估计效果。

4.7 本章小结

首先，本章对交易所指数和指数收益率波动的特点进行了描述统计分析，指数收益率具有尖峰厚尾、波动丛聚现象，初步直观判断其存在异方差现象，并不满足有效市场独立同分布的白噪声过程。其次，利用 ARMA-GARCH 模型族对企债指数收益率波动的特点进行了计量估计，对波动的长记忆性、杠杆效应和风险溢酬效应的存在性进行了识别。

本章得出了以下主要结论：

第一，2003 年 6 月 9 日至 2019 年 12 月 31 日样本期间，交易所企债指数收益率时间序列具有稳定性，但存在自相关性，并非白噪声过程，适宜于建立 ARMA 模型。进一步的分析表明 ARMA 模型估计结果存在高阶自回归异方差，需要建立企债指数收益率期望和方差联合方程。

第二，对 ARMA（1，1）-GARCH 模型的结构、分布和计算方法进行了谨慎识别。由于方差不宜观测，相关理论模型也相对复杂。通过对估计结果的反复比较，结和统计图表的直观观察，借鉴理论研究结果，证明模型结构和分布假设对计量估计结果具有实质性影响，计算方法对本研究结果的影响可以忽略不计。证明含常数项的均值方程和误差 t 分布是交易所企业债收益率 ARMA（1，1）-GARCH 模型估计的优良估计假设。

第三，ARMA（1，1）-GARCH（1，1）模型的估计结果能够通过各项统计检验和模型约束条件，是企业债收益波动率的优良估计过程。计量结果证明：（1）ε_{t-1}^2 与 σ_{t-1}^2 的系数大于 0，证明条件异方差过程存在正反馈条件，也是对时间序列图中波动丛聚特点的计量证明。（2）条件异方差常数项 α_0（0.000 1）近似为0，说明当期波动率的预测值仅是当前信息与历史信息影响的结果。（3）α（0.105 642）和 β（0.902 635）之和约等于 1，证明交易所企业债指数收益率波动具有持久性，一旦出现大的波动，在短期很难消除。（4）弹性系数 α 衡量了市场随机因素对未来波动的冲击程度，α（0.105 642）相对 β（0.902 635）较小，说明市场随机因素对企债收益率未来波动的冲击程度较弱，只有大的外部冲击，市场才可能对波动产生显著影响。（5）弹性系数 β（0.902 635）远大于 α（0.105 642），证明波动对初始值更加敏感，条件方差的冲击要经过相当长一段时间才会消失，交易所企债市场波动具有长记忆性和混沌特征。

第四，在企债收益率误差分布服从 t 分布的假设条件下，TARCH 门限模型和 EGARCH 指数模型都证明企债收益率波动存在杠杆效应[1]。在研究过程中还发现，计量结果受样本区间、研究对象和误差分布影响较大。如果假设企债收益率误差分布服从正态分布、GED 和 t 分布假设下，那么杠杆效应均存在。据此可知企债收率波动存在杠杆效应，利空和利好消息冲击对波动存在不对称现象。

第五，GARCH-M 模型估计结果证明交易所企债指数收益率均值和风险并不存在明显的正相关关系，即不存在风险溢出效应。但不包含常数项均值方程的极大似然估计结果则证明：在5％的显著性水平下风险和收益之间存在反向关系。本书对这一问题从包含常数项的意义、风险—收益线性图的直观观察和企债市场发展的实际状况等多角度进行了辨析，确认不含常数项是优良的估计方程，同时指出估计模型的结构会对估计结果可能产生实质性影响，需谨慎选择。

---

[1] 假设误差项服从广义增广矩阵分布，杠杆效应的结论同样成立。

描述统计部分还直观发现交易所企债收益率水平无月度效应，但存在半年度效应。一般而言，上半年收益水平高于下半年。

总之，交易所企业债发行和交易额都处于快速增长时期，这些规律有助于管理部门和投资者掌握市场的特点，为投资和政策决策提供参考。例如，波动具有长记忆性就提示有关各方应关注类似云南城投之类较大的突发事件或加息之类的政策事件等外部冲击可能会引起的市场波动性。企债指数具有杠杆效应，利好和利空消息对波动存在不对称现象，利空消息对企债收益的冲击更大。风险溢酬效应的缺失也在一定程度上揭示了债券市场无风险利率尚未真正形成，债券市场对利率的传导功能还非常有限。对投资而言，高风险未必高回报，择时对企业债投资具有积极意义。

5　市场交易对交易所企债收益率波动的影响

根据混合分布假说，量价之间存在紧密关系，金融市场存在市场信息变化—投资者行为改变—成交额和活跃度变化—资产价格波动—交易量再变动的传动机制。纵向相比，交易所企业债市场交易总额持续保持快速增长，那么随着市场交易额的变化，企债收益波动率的特点是否发生了新的变化？横向相比，企债30指数代表了交易所相对活跃企债的综合价格，那么不同活跃度企债指数收益率的波动特点是否存在差异？这些问题的回答，对从微观市场结构理解交易所企业债市场发展历史与未来提升市场效率具有积极意义。

5.1　上证企债指数样本交易额概述

2016年5月，上证企债指数成交额相对较大，最高日成交额曾经突破60亿元。但是，2009年1月至2019年年末日成交额都在70亿元以下。为了增强图形的整体可比性，取纵轴区间为[0，70]做成交额时间序列图形。从图5-1可知，2009—2011年，交易额相对较小。而2012年之后，每日交易额相对较大呈现整体动荡上升的趋势。其中交易额的较大异常值出现在2016年5月，而交易额整体较大的时间发生在2015年下半年至2016年上半年。但2016年之后，每日成交额整体呈现下降趋势。

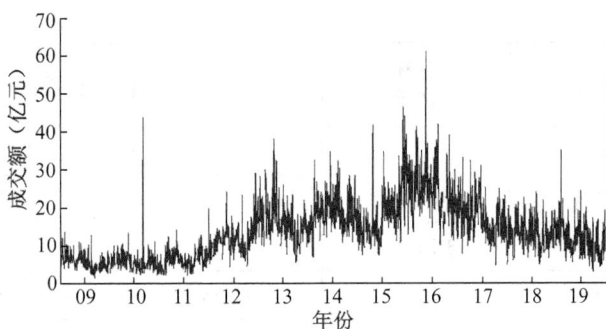

图 5-1 2009—2019 年上证企债指数样本成交额时间序列

从年度数据来看，2012 年和 2017 年是上证企债成交额变化的一个分水岭。自 2012 年之前，成交额和平均成交额相对较小，标准差系数不断攀升，至 2011 年达到 1.6 的水平。2012—2016年，成交总额和日成交额都实现了跳跃式增长，而年内日成交额变异程度也同时大幅下降。2017—2019 年，成交额和平均成交额呈现下降趋势，变异程度趋于上升（见表 5-1)[①]。

表 5-1 2004—2019 年上证企债指数年度成交情况比较

时间 t	总额 （亿元）	日平均额 （亿元）	标准差系数
2009 年	1 391.65	5.70	0.257 175
2010 年	1 399.54	5.78	0.308 076
2011 年	1 548.84	6.35	1.609 248
2012 年	2 855.99	11.75	0.868 072
2013 年	3 889.05	16.34	0.626 879
2014 年	4 567.85	18.64	0.549 289
2015 年	4 532.85	18.58	0.551 394

---

① 因 2003 年并非全年数据，总额并不可比，所以不做比较。另上证企债指数样本数目并不确定（见第 3 章），成交总额增加来自成交活跃和样本数量增加两个方面。

时间 t	总额 （亿元）	日平均额 （亿元）	标准差系数
2016 年	5 921.11	24.27	0.422 576
2017 年	4 081.42	16.73	0.610 490
2018 年	3 151.61	12.97	0.789 722
2019 年	2 763.63	11.33	0.905 087
各年总体情况	36 103.54	13.49	0.681 185

数据来源：根据 WIND 数据库相关资料整理计算得出。

5.2 含交易量企债收益率异方差模型的估计

5.2.1 成交额增长率的稳定性检验

根据第 4 章的分析，企债收益率时间序列 $\{R\}$ 具有稳定性、异方差和自回归等特点，广义增广矩阵 ARMA-GARCH 模型均值和条件方差的优良估计过程。为了分析交易额增长率对企债收益率波动的影响，尝试引入交易额增长率时间序列，建立新的广义自回归条件异方差模型。

平稳性是时间序列分析的基础，需要先对交易额增长率时间序列进行稳定性检验。设第 t 日上证企债指数交易额为 Q_t，第 $t-1$ 日上证企债指数交易额为 Q_{t-1}，则第 t 日上证企债指数交易额增长率为：$V_t = \ln(Q_t/Q_{t-1})$，记交易额增长率时间序列为 $\{V\}$。

利用 EViews 8.0 做 $\{V\}$ 的时间序列图（见图 5-2），可知，同上证企债指数成交额不同，成交额增长率时间序列 $\{V\}$ 不存在长期趋势，属于稳定序列，但在 2009—2011 年期间有小幅波动。在 2012 年之后，随着上证企债样本成交额的放大其波动明显趋弱，直至 2019 年再次出现小幅波动。

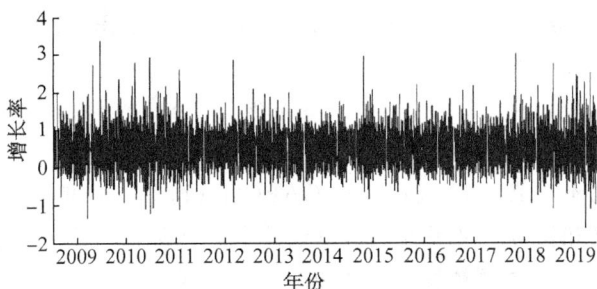

图 5-2　2009—2019 年上证企债指数成交额增长率时间序列

对时间序列〔V〕进行单位根（ADF）计量检验。在无截距项和趋势项、含截距项、含截距项和趋势项三种情况下，样本 t 统计量值分别为 $-18.329\,78$、$-15.661\,15$、$-15.720\,66$，均远小于 1% 显著水平下的临界值，且绝对值较大，对应的麦金农单边概率值也近似为 0。据此拒绝上证企债指数交易额含有单位根的原假设（其中，无截距项和趋势项在一阶差分后满足拒绝原条件的假设），判定企债收益率序列 r_t 为平稳序列，满足建立 ARMA-GARCH 模型的前提（见表 5-2）。

表 5-2　企业债指数收益率时间序列单位根检验（ADF）结果

检验方式	T 统计量值	临界值 1%显著性水平	伴随概率 单边 p 值	结论
无截距项和趋势项	$-18.329\,78^*$	$-2.566\,590^*$	$0.000\,0^*$	拒绝 V 含单位根的原假设
含截距项	$-15.661\,15$	$3.433\,899$	$0.000\,0$	拒绝 V 含单位根的原假设
含截距项和趋势项	$-15.720\,66$	$-3.963\,316$	$0.000\,0$	拒绝 V 含单位根的原假设

5.2.2　ARMA-GARCH-V 模型构建与估计

在上文广义增广矩阵分布 ARMA-GARCH 模型中，将变量 V 引

入广义条件异方差方程，建立 ARMA（1，1）-GARCH（1，1）-V
模型，方程如下：

$$\begin{cases} r_t = c_1 + \varphi r_{t-i} + \theta \varepsilon_{t-1} + \varepsilon \\ \sigma_t^2 = C_0 + \alpha \varepsilon_{t-1}^2 + \beta \sigma_{t-1}^2 + \mu v \end{cases}$$

和第 4 章 ARMA（1，1）-GARCH（1，1）模型相比，基本
解释意义和符号含义不变。这里仅是在广义条件异方差方程中引
入了变量 V 作为解释变量，用以分析交易额增长率对条件异方差
σ_t^2 的解释。

利用 EViews 7.0 对 2009 年 1 月 31 日至 2019 年 12 月 31 日
2 675 个交易日企债收益率（r_t）和交易额增长率（v）进行马夸
尔特算法（Marquardt）求解，基于上文的分析，采用残差服从 t
分布的模型，计量结果为：

$$\begin{cases} r_t = 0.024\,62 + 0.964\,70 r_{t-i} - 0.842\,4\varepsilon_{t-1} \\ z \quad (9.196\,2) \quad\quad (124.642\,9) \quad\quad (-52.182\,5) \\ \sigma_t^2 = d4.25E - 05 + 0.038\,77\varepsilon_{t-1}^2 + 0.956\,18\sigma_{t-1}^2 - 7.07E - 05v \\ z \quad (5.444\,56) \quad\quad (16.954\,65) \quad (396.845\,5) \quad (-4.899\,3) \end{cases}$$

对模型估计结果进行有关检验：

（1）系数检验。在 1% 显著性水平下，均值方程和条件异方
差中各系数 Z 值较大，伴随概率近似为 0，具有显著性。

（2）稳定性检验。AR 和 MA 特征根的转置值分别为 0.96、
0.84，均小于 1，即 ARMA（1，1）-GARCH（1，1）-V 满足平
稳性要求。

（3）自回归条件异方差 LM 检验。滞后 1 期的统计量 F 值为
1.580 2，检验统计量 LM 值为 1.580 5，F 和 LM 的相伴概率 p
值分别为 0.208 8、0.208 7。在置信度 0.5 的水平下，可见无法
通过显著性检验，即不存在自回归异方差效应。

5.3 交易额增长率同企债收益波动率关系的描述统计

5.3.1 交易额增长率同企债收益率的相关性

分别作企债收益率和上证企债指数交易额、交易额增长率的散点图，判断企债交易额同二者的相关关系（见图5-3）。从图5-3可以直观地观察到，企债收益率同上证企债指数交易额、交易额增长率并不存在线性或非线性相关关系，而是呈现不规则的无规律分布。

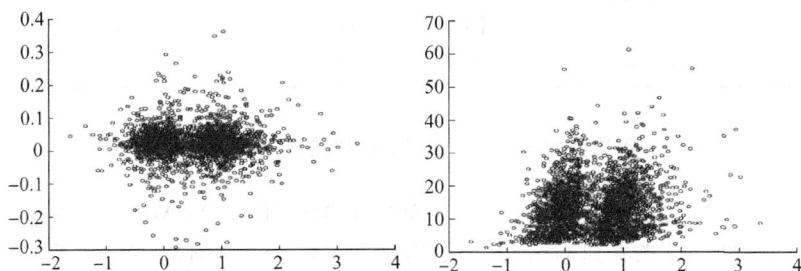

注：纵轴为企债收益率，右图交易额增长率横轴对变异数进行了去除。

图5-3　企债收益率与（左图）交易额增长率、企债指数交易额（右图）的散点图

进一步计算企债收益率（R）和上证企债指数成交额增长率（V）之间的相关系数（见表5-3），自相关图显示该序列的自相关系数始终控制在（−1，1）的区间范围以内，可以认为该序列自始至终都在零轴附近波动，具有强随机性和平稳性的特征，而由偏相关系数图知，偏相关系数趋向于零的速度很慢且具有衰减的趋势，具有拖尾的特征。

表 5-3　企债收益率与交易额增长率相关性分析

Autocorrelation	Partial Correlation		AC	PAC	Q-stat	Prob
		1	−0.817	−0.817	1 785.7	0.000
		2	0.696	0.088	3 083.4	0.000
		3	−0.708	−0.358	4 428.0	0.000
		4	0.694	0.074	5 720.8	0.000
		5	−0.704	−0.251	7 051.7	0.000
		6	0.704	0.073	8 382.3	0.000
		7	−0.704	−0.172	9 713.8	0.000
		8	0.699	0.052	11 027.0	0.000
		9	−0.709	−0.171	12 378.0	0.000
		10	0.718	0.078	13 763.0	0.000
		11	−0.711	−0.100	15 123.0	0.000
		12	0.710	0.071	16 480.0	0.000

5.3.2　交易额增长率同残差、条件方差的相关性

对成交额增长率 V 与第 4 章广义增广矩阵 ARMA-GARCH 残差的相关关系进行分析。从散点图（见图 5-4 左图）可知,二者之间并不存在规律性相关关系。从相关系数来看,成交额增长率 V 与广义增广矩阵 ARMA-GARCH 残差当期、前导期、滞后期之间也不存在相关关系。同理可知,成交额增长率 V 与广义增广矩阵 ARMA-GARCH 条件方差（GARCH）之间也不存在相关关系（具体情形和计算结果见图 5-5）。

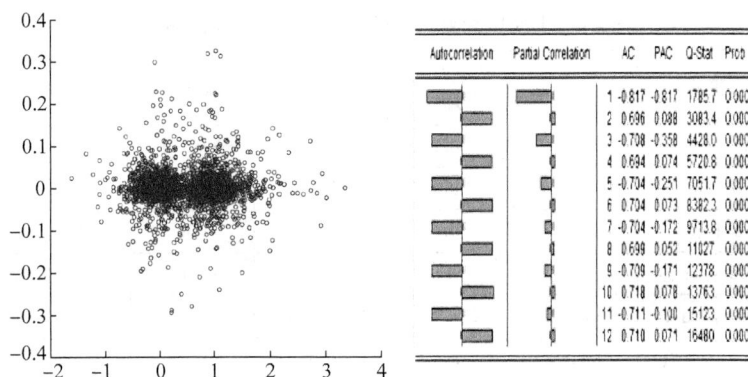

注:为了增强可观测性,对散点图(左图)坐标轴进行了截取。

图 5-4 成交额增长率 V 与广义增广矩阵 ARMA-GARCH 残差关系

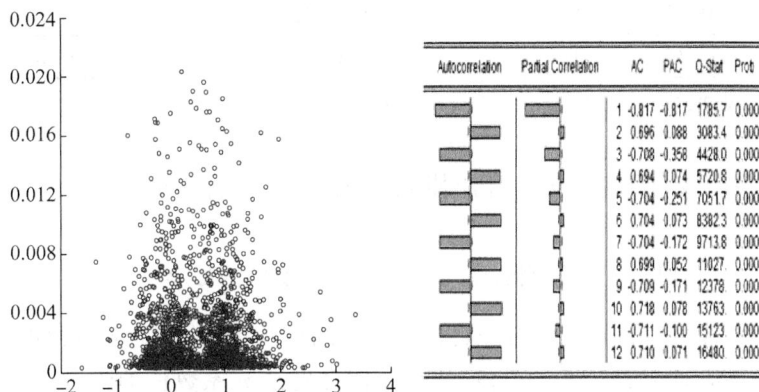

注:为了增强可观测性,对散点图(左图)坐标轴进行了截取。

图 5-5 成交额增长率 V 与广义增广矩阵 ARMA-GARCH 条件方差(GARCH)关系图

5.3.3 企业债个债交易额同涨跌幅的关系

以 2014 年 9 月 30 日上交所企业债个债为例(见表 5-4),交易所涨跌幅排名前 10 的企业债交易额无一排名在前,同样,交易额排名前 10 的企业债也无一进入涨跌幅前 10。就单日样本而言,涨跌幅和成交额并无相关关系。

表 5-4　上交所企业债个债交易额同涨跌幅的关系

简称	涨跌幅 ↓	成交金额（万元）	简称	涨跌幅	成交金额（万元）↓
09 虞水债	0.057 9	0.49	09 富力债	0.000 9	6 300
11 东岭债	0.057 2	3.43	09 长虹债	0.000 5	5 294.39
10 中铁 G4	0.040 7	0.76	11 中孚债	0.000 3	3 853.14
12 新新业	0.017 8	631.16	11 常城建	−0.000 4	3 569.98
09 南山 2	0.017 1	153.59	09 万通债	0.002 4	3 218.5
06 大唐债	0.014 2	2.86	12 方大 01	0.002 6	3 190.73
10 渝交通	0.012 6	482.21	11 广汇 01	0.002	3 025.14
03 三峡债	0.010 8	0.94	12 宁上陵	0.001 3	2 819.9
12 白中兴	0.010 5	26.33	11 渝富债	0.000 2	2 455.17
13 兴业 02	0.009 7	2 060.41	10 郴州债	0.000 2	2 191.51

资料来源：和讯债券，http://bond.money.hexun.com/quote/bondtype/。

5.4　交易额增长率对企债收益波动率影响的计量分析

5.4.1　交易额增长率对企债收益波动率的影响

加入变量 v 后估计 ARMA-GARCH-V 过程，v 的系数较小，条件方差中 ε_{t-1}^2 项、σ_{t-1}^2 项的系数值分别是 v 系数值的绝对值的 548.373 4 倍和 13 524.469 6 倍。相对而言，v 对 σ_t^2 的影响微不足道，可以忽略不计。将 ARMA-GARCH-V 同 ARMA-GARCH 模型估计结果中的系数进行比较，二者均值方差各项系数之比约等于 1，几乎不存在影响。在条件方差方程中，ε_{t-1}^2 项、σ_{t-1}^2 项系数之比分别为 0.962 6 与 1.001 7，可见加入变量 v 对 ε_{t-1}^2、σ_{t-1}^2 对 σ_t^2 的影响程度出现了变化，在一定程度上改变了 ε_{t-1}^2、σ_{t-1}^2 对 σ_t^2 的影响结构。加入变量 v 后，ε_{t-1}^2 对 σ_t^2 的影响轻微减弱（见表 5-5）。

表 5-5　交易额增长率对企债收益率波动的影响

指标	ARMA-GARCH 模型	ARMA-GARCH-V 模型		b/a
	系数值(a)	系数值(b)	比 v 系数	
r_{t-i}	0.963 575	0.964 70	—	1.001 2
ε_{t-1}	−0.841 348	−0.842 41	—	1.001 3
ε_{t-1}^2	0.040 276	0.038 77	−548.373 4	0.962 6
σ_{t-1}^2	0.954 529	0.956 18	−13 524.469 6	1.001 7
v		−7.07E−05	1.000 0	

注："—"表述该项数据不需要计算。

5.4.2　交易额增长率对企债收益率波动影响的分阶段比较

从图 5-2 可知，2009—2019 年上证企债成交额增长率较为平稳，在 2011 年和 2019 年出现小幅波动。对比两个阶段的 ARMA-GARCH 模型与 ARMA-GARCH-V 模型[1]，可以得出以下结论：

第一，随着交易额增长率波动的趋弱，其对条件异方差的影响也从显著变为不显著。但是，在交易额增长率波动相对较强时，其系数仅为−0.000 070 7，其影响可以近似忽略不计。

第二，尽管交易额增长率波动自身对条件异方差的影响较弱，但可改变 ε_{t-1}^2、σ_{t-1}^2 对 σ_t^2 的影响结构，这一作用不可忽视。特别是在交易额活跃时期，从表 5-6 可见，在成交额波动较弱的 2012—2019 年，ARMA-GARCH-V 模型与 ARMA-GARCH 模型估计结果的变量系数差异不大；在成交额波动较大的 2009—2011 年，对 RMA-GARCH-V 模型与 ARMA-GARCH 模型比较，模型估计结果中变量系数差异存在较大差异。2009—2011 年，ε_{t-1}^2、σ_{t-1}^2 之外的因素对 σ_t^2 的影响较大，而随着交易额规模的增

---

[1]　分阶段 ARMA-GARCH 模型与 ARMA-GARCH-V 模型统计计量检验为优良估计过程，证明过程类同前文，此处不再赘述。

加和交易额波动的影响，ε_{t-1}^2、σ_{t-1}^2 对 σ_t^2 的影响趋于突出。

表 5-6　分阶段交易额增长率对企债收益率波动影响比较

	ARMA-GARCH-V 模型		ARMA-GARCH 模型	
	2009—2011 年	2012—2019 年	2009—2011 年	2009—2019 年
C	0.015 3	0.025 2	0.015 4	0.032 6
AR(1)	0.956 5	0.965 6	0.959 3	0.964 1
MA(1)	−0.870 0	−0.829 4	−0.871 1	−0.827 4
C	−0.000 2 不显著	−0.000 05	0.000 06	−0.000 09
RESID(−1)^2	0.078 6	0.035 3	0.051 59	0.039 8
GARCH(−1)	0.896 5	0.954 1	0.936 1	0.948 3
V	0.000 6	−0.000 08	—	—

5.4.3　交易额增长率对企债收益波动率的滞后影响

格兰杰（Granger）因果关系检验可以判断某个变量的所有 n 期滞后项对另一个变量当期值是否有影响。由上可知时间序列 $\{R\}$ 和 $\{V\}$ 均为稳定序列，满足判断短期格兰杰因果关系的条件。以 2009 年 1 月 5 日至 2019 年 12 月 31 日期间为样本数据，利用 EViews 8.0 进行计算，检验统计量 F 值偏小，伴随概率 p 均大于 10%。结果表明在 5% 显著性水平下，滞后 1、2、3 期的上证企债指数交易额增长率对企债收益率并不存在显著的格兰杰因果关系。以交易额相对较大的 2012—2019 年期间数据为样本，类似进行交易额增长率同企债收益率之间的格兰杰因果检验（具体过程略去），也会得到二者之间不存在格兰杰因果关系（见表 5-7）。

表 5-7　不同滞后期交易额增长率对企债收益率波动的影响

滞后长度	Granger 因果性假设	F 值	P 值	结论
1	V 不是 R 的格兰杰原因	3.293 45	0.068 7	接受原假设
2	V 不是 R 的格兰杰原因	1.719 23	0.174 9	接受原假设
3	V 不是 R 的格兰杰原因	1.544 22	0.201 0	接受原假设
4	V 不是 R 的格兰杰原因	1.210 87	0.304 0	接受原假设

5.5　活跃度对企债收益率波动的影响

5.5.1　市场活跃度解释及衡量指标选取

5.5.1.1　上证企债 30 指数简介

（1）指数收益与风险之间存在风险益筹效应。2009—2019 年这 11 年期间，上证企债 30 指数收盘价平均数呈现逐年上升趋势，2009 年 1 月 5 日为 100.13，2019 年 12 月 31 日为 155.74，年化收益率为 5.73%①，复利收益率为 -0.57%。企债 30 指数在 2010 年和 2012 年标准差系数较大，其收益率也相对较高，符合高风险高回报的理论假设。

（2）样本年均交易额保持相对平稳。上证企债 30 指数样本数目确定，尽管样本总上市规模会有所不同，但是，相对上证企债样本交易额具有较强可比性。从表 5-8 可知，作为交易所最活跃的 30 只企业债券，不同年度间，日均交易额存在一定变化，但 5 年间总体变动不大。其中，2012 年交易规模最大，2019 年最小，相差 1.67 亿元。

---

① （报告期指数—基期指数）/交易日 * 365。

表 5-8　2009—2019 年上证企债 30 指数有关指标年度数据

年份	指数平均	日均交易额（亿元）	指数标准差系数	交易额标准差系数	年化收益率（%）	复利收益率（%）
2009	100.13	2.44	0.007 4	0.579 2	0.60	0.40
2010	106.65	2.49	0.022 7	1.120 3	11.55	7.34
2011	109.45	2.09	0.011 2	0.571 0	6.69	4.04
2012	117.37	2.87	0.022 2	0.404 1	11.28	6.45
2013	123.06	2.52	0.008 7	0.577 8	3.33	1.79
2014	127.39	2.33	0.013 4	0.495 5	10.99	1.40
2015	136.23	1.81	0.011 8	0.658 5	9.56	−0.14
2016	142,55	2.31	0.008 1	0.550 2	2.10	−1.52
2017	141.68	2.13	0.004 8	0.537 8	0.33	−1.84
2018	147.23	2.00	0.011 7	0.540 7	10.21	3.42
2019	155.74	1.20	0.008 1	1.036 2	5.73	−0.57
平均	126.49	2.20	0.011 8	0.642 8	6.58	1.89

注：年化收益率不是根据其年均数据计算，而是根据年初、年末收盘指数日数据计算。

数据来源：根据 WIND 数据库计算整理。

5.5.1.2　企债 30 指数收益率分布的特点

企债 30 指数具有长期上升趋势，并非稳态时间序列（见图 5-6 上图），不是优良的时间序列分析变量。

记上证企债 30 指数为 m，企债 30 指数连续复利收益率（也称对数收益率，下文简称企债 30 收益率）为 R_2，则

$$R_2 = \ln\left(\frac{m_t}{m_{t-1}}\right) \times 100$$

式中 m_t 为第 t 期的上证企债收盘价。

从描述统计计算结果看，2009—2019 年，企债 30 收益率时间序列 $\{R\}$ 的均值大于零，标准差约为 0.09，相对均值 0.016 5 存在较大的波动性。从偏态系数值（SK）和峰度系数值（K）可

知 $\{R_2\}$ 亦为左尾、尖峰厚尾分布。但是，同上证企债指数（第4章第2部分）比较，其偏态相差不大，但峰度显著下降。统计量 $JB = 8\,822.772$，p 值为 0，表明时间序列 $\{R_2\}$ 不服从正态分布。从 Q-Q 图来看，左下方向下弯曲，右上方向上弯曲，说明时间序列 $\{R_2\}$ 存在厚尾现象，并不服从正态分布。同样地，其程度也弱于企债收益率时间序列 $\{R\}$。

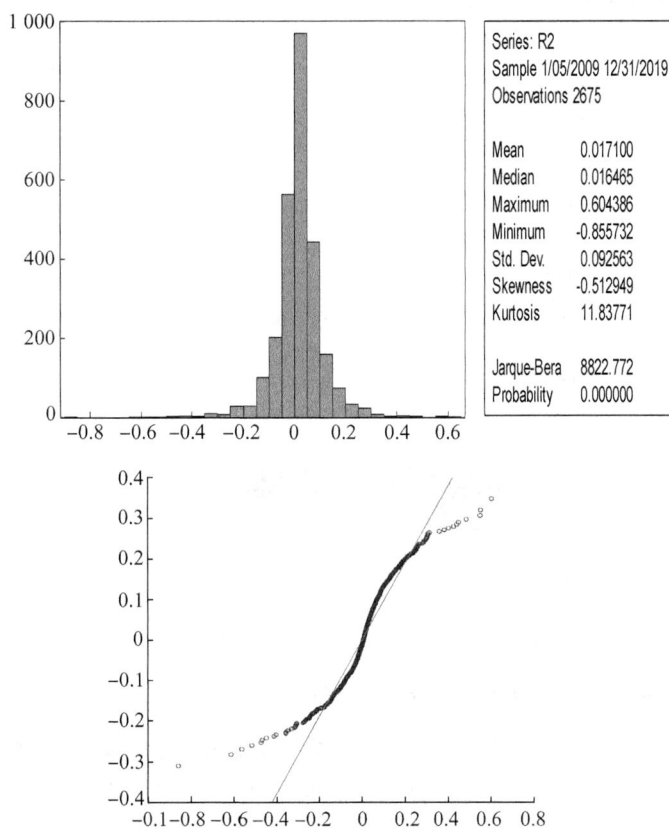

图 5-6　企债 30 收益率分布（上图）及 Q-Q 图（下图）

5.5.2 企债 30 收益 ARMA 模型估计

5.5.2.1 企债 30 收益序列稳定性与自相关性检验

做企债 30 收益率 $\{R_2\}$ 2009—2019 年的时间序列图形（见图 5-7 下图）。从时间序列图形看，$\{R_2\}$ 属于平稳系列，满足时间序列计量分析的前提条件。时间序列图形也表明 $\{R_2\}$ 同样存在波动丛聚和时变特征。

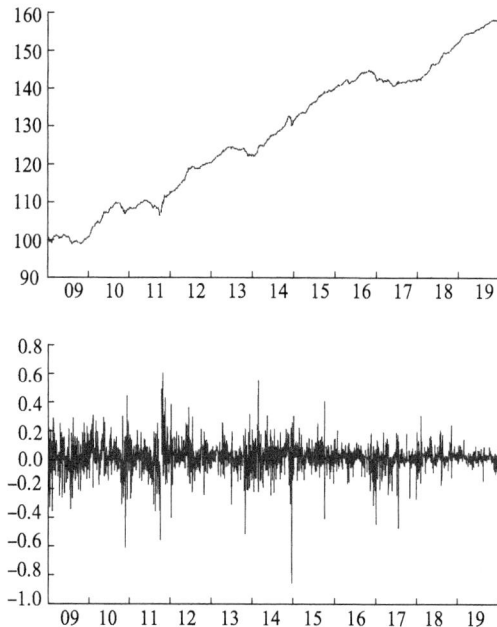

图 5-7 企债 30 指数时间序列（上图）及企债 30 收益率图（下图）

对 $\{R_2\}$ 的单位根 ADF 检验结果中，在无截距项和趋势项、含截距项、含截距项和趋势项三种情况下，样本 t 统计量值的麦金农伴随概率均近似为 0，证明在 1% 显著水平下，企债 30 指数收益率序列不包含单位根，为平稳序列见表 5-9。

表 5-9 企债 30 指数收益率时间序列单位根检验（ADF）结果

检验方式	t 统计量值	临界值 1%显著性水平	伴随概率 单边 P 值	结论
无截距项和趋势项	−17.633 89	−2.565 628	0.000 0	拒绝 R 含单位根的原假设
含截距项	−20.905 84	−3.432 606	0.000 0	拒绝 R 含单位根的原假设
含截距项和趋势项	−20.903 6	−3.961 479	0.000 0	拒绝 R 含单位根的原假设

对企债 30 指数收益率时间序列 $\{R_2\}$ 进行自相关（AC）和偏自相关性（PAC）检验（见表 5-10），AC、PAC 伴随概率 p 值为 0，时间序列 $\{R_2\}$ 存在显著自相关。结合企债 30 指数收益率时间序列图，可知其不是白噪声过程，不再满足古典线性回归模型估计的假设条件，需要尝试建立 ARMA 模型。

表 5-10 企债 30 指数收益率时间序列单位根检验（ADF）结果

Autocorrelation	Partial Correlation		AC	PAC	Q-stat	Prob
		1	0.164	0.164	72.337	0.000
		2	0.143	0.119	126.79	0.000
		3	0.124	0.088	168.11	0.000
		4	0.080	0.035	185.09	0.000
		5	0.083	0.045	203.67	0.000
		6	0.068	0.030	216.18	0.000
		7	0.050	0.014	222.95	0.000
		8	0.076	0.046	238.54	0.000
		9	0.058	0.023	247.52	0.000
		10	0.059	0.025	256.78	0.000
		11	0.059	0.024	266.18	0.000
		12	0.026	0.009	268.00	0.000

5.5.2.2 企债 30 收益序列 ARMA 模型估计

根据 SIC、SC 最小化准则和简约模型原则，建立自回归移动平均模型 ARMA(1,1)。利用 EVivews 7.0 对上证企债 30 指数连续复利收益率进行 ARMA(1,1)估计,结果为:

$$R_2 = 0.016\ 97 + 0.087\ 73R_{(-1)} - 0.767\ 31\varepsilon_{(-1)} + \varepsilon$$

t 值(5.122 1)　(32.539 9)　(−21.418 8)

p 值(0.000 0)　(0.000 0)　(0.000 0)

以上统计检验量之 t 值和 p 值证明方程各参数估计值具有显著性。统计量 F 为 69.648 4,表明方程整体线性关系显著。计算 ARMA (1,1) 过程 AR 和 MA,其中 AR 的特征根为 0.88,特征根的绝对值小于 1,则说明模型是平稳的,而 MA 的特征根为 0.77,说明模型是可逆的,模型整体具有平稳性。此外,在 Breush-Godfrey LM 检验中,检验统计量 Obs * R-squred 远小于 p 值,则接受原假设,即认为残差序列不存在序列相关性,残差检验通过。

对 ARMA (1, 1) 过程进行 ARCH 效应检验。从企债 30 收益率 ARMA (1, 1) 过程残差时间序列图(见图 5-8)可知,其残差存在明显的集群现象,具有长期记忆性特点。对 ARMA (1, 1) 过程进行 ARCH-LM 检验,滞后 2 期时,检验统计量 $F=1.279\ 5$,拉格朗日乘数 $LM=2.560\ 1$,二者伴随概率 p 均小于 0.5。同样进行滞后 3 期、4 期检验,结果类似,均拒绝 ARMA (1, 1) 过程不含 ARCH 的原假设,故需要建立 ARMA-ARCH 模型。

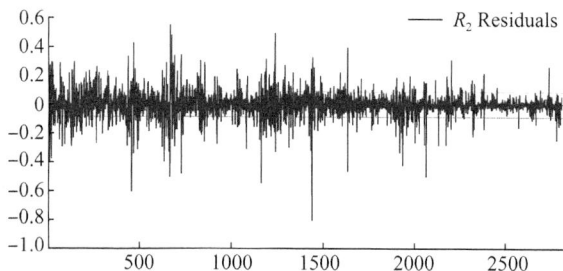

图 5-8　企债 30 收益率图 ARMA (1, 1) 过程残差时间序列图

5.5.2.3　企债 30 收益序列 ARMA-ARCH 模型族估计

由于企债 30 收益率 ARMA (1, 1) 过程含有条件异方差

（ARCH），需尝试建立增广矩阵分布的 GED-ARMA-ARCH 模型族。将企债 30 收益率和企债收益率同一样本期间（即 2009—2019 年共计 2 675 个样本单位）的计量结果进行比较，可以识别交易活跃度对收益率波动的影响。

对于 ARMA-GARCH、ARMA-TARCH 和 ARMA-EARCH 模型，无论是含常数项均值方程，还是不含常数项，并不影响均值方程参数估计显著性检验的结果。而含常数项 ARMA-GARCH 模型的信息准则变量 AIC 为 $-2.497\,3$，SC 为 $-2.482\,5$，小于不含常数项均值方程的信息准则 AIC（$-2.483\,9$）和 SC（$-2.471\,2$），前者具有更优的拟合效果为了便于和上文的比较，对于这三类模型的估计，本研究采用了含常数项均值方程，即

$$R_2 = c + \varphi R_{2(-1)} - \theta \varepsilon_{(-1)} + \varepsilon$$

对于 ARMA-EARCH-M 模型，含常数项与不含常数项结果存在本质区别，含常数项模型无法通过检验，而不含常数项模型却通过检验获得优良的估计结果。因此，本研究采用不含常数项的均值方程，即

$$R_2 = \varphi R_{2()-1} - \theta \varepsilon_{(-1)} + \mu \sigma + \varepsilon$$

式中 σ 代表条件方程 ARCH。

记上证企债 30 指数样本每日交易额对数增长率时间序列为 $\{V_2\}$，对 $\{V_2\}$ 进行单位根（ADF）稳定性分析。在无趋势和截距项、含截距项和含截距与趋势项三种情况下，ADF 检验统计量 t 值分别为 $-28.113\,45$、$-28.163\,28$、$-28.116\,97$，均小于 1% 显著水平下的 t 值，拒绝 $\{V_2\}$ 含有单位根的原假设，即 $\{V_2\}$ 为稳定序列，适合进行 ARMA-GARCH 和格兰杰因果分析。

对 2009—2019 年企债 30 收益率与企债收益率 ARMA-GARCH 模型族进行估计（见表 5-10），通过比较，可得出如下主要结论：

第一，在 ARMA（1，1）-GARCH（1，1）模型方差方程中，两方程残差 ε_{t-1} 项与条件方差 σ_{t-1} 项系数之和分别为 0.993 9

和0.9939，均接近水平1，表明企债30收益率与企债收益率波动率影响时间较长。大的波动往往会延续较长时间，且主要是受条件方差的影响，企债收益率波动更加突出。交易活跃度对企债30收益率与企债收益率波动率的记忆性影响差异不大。

第二，企债30收益率ARMA（1，1）-GARCH（1，1）-M模型各系数及整体具有显著性，具有风险溢酬效应。企债30指数风险每增加1个单位，将引致收益率增加0.1205个单位。方程中残差项（ε_{t-1}）与条件方差项（σ_{t-1}）系数之和为0.9959，收益率波动具有稳定性和陈旧记忆性。而企债收益率ARMA（1，1）-GARCH（1，1）-M模型中，风险溢酬项（M）并不具有显著性，不能存在风险溢价。通过比较可以认为，交易活跃有助于价格风险，实现高风险高回报的特点，这一特点和上文关于企债30年度收益率与风险关系分析保持一致。

第三，企债30收益率ARMA（1，1）-TARCH（1，1）和ARMA（1，1）-EARCH（1，1）模型中，消息项都没有通过显著性检验，即时间序列〈R_2〉不存在杠杆效应（或非对称效应），利空和利好效应对市场波动的影响无较大差异。而企债收益率ARMA（1，1）-TARCH（1，1）存在不显著项，不是优良的估计模型。企债收益率ARMA（1，1）-EARCH（1，1）模型通过了系数和方差检验，消息项系数为0.0117，大于0，说明存在杠杆效应，利空消息比利好消息对波动的影响较大。但是，据此系数可知，残差项（ε_{t-1}）与条件方差项（σ_{t-1}）系数之和为1.077，大于1，具有一定风险性。因此，交易活跃度提升有助于消除杠杆效应。

第四，引入交易额对数增长率V，构建企债30收益率ARMA（1，1）-GARCH（1，1）-M-V模型，各参数变量和方程整体均通过了统计检验，说明V对波动率有一定影响。但是，从系数来看，其影响近似为0。加入V后，结构性变化也不大。由于企债收益率ARMA（1，1）-GARCH（1，1）模型不成立，直接建立ARMA（1，1）-GARCH（1，1）-M模型，检验结果显示V的系数并不显著。因此，无论是企债 30 收益率还是企债收益率，成交额对数增长率对波动率并不构成影响。

第五，滞后期交易额增长率不是企债 30 收益率波动的格兰杰原因。对时间序列 $\{R_2\}$ 是否 $\{V_2\}$ 的格兰杰原因进行检验，在交易额增长率滞后 1、2、3 期情况下，检验统计量 F 值分别为 3.293 45、1.719 23、1.544 22，伴随概率 p 均大于 10%，在 10% 显著性水平下，接收原假设：交易额对数增长率不是企债 30 收益率的格兰杰原因。结果，同期企债收益率情况类似（见本章 5.3.3），说明活跃度并不改变市场规模和收益率波动的动态关系。

5.6 本章小结

基于微观金融市场结构理论的考虑，本研究以市场交易额波动率和交易活跃度为解释变量，尝试识别二者对交易所企债波动的影响，得出如下主要结论：

第一，在 2009—2019 年全样本期期间，企债指数样本成交额对企债收益率波动并无影响。通过散点图、个债案例、动态相关系数、格兰杰因果分析和 ARMA-GARCH-V（含成交额增长率的自回归条件异方差方程）的分析，均证明企债指数样本成交额波动率对企债收益率波动没有产生静态或动态方面的实质性影响。这一结果产生的原因主要是因为样本成交额的变动受交易活跃度和样本数额两方面因素的影响，2012—2019 年成交额的增长主要是受企债指数样本数量的增多，而不是活跃度的提升。样本期间虽然市场活跃度有一定提高，但如第 3 章的分析，市场整体成交还不活跃，市场交易额尚未达到"提供了关于过去价格运行质量和精确度信息"，也未能达到承载"潜在的不可观测的信息流"的作用。

第二，依据企债指数样本交易额和其波动率的特点，将全样本期间划分为 2009—2011 年、2012—2019 年两个阶段，对上证企债指数收益率波动的特点进行了分阶段比较研究。2011 年末开始，交易所企债市场样本成交额开始开始快速增长，但是，成交额波动率却趋于弱化。根据这一特点，兼顾下文同企债 30 指数比较研究的可行性，将全样本周期划分为 2009—2011 年、2012—2019 年两个阶段（见表 5-11）。通过对两阶段波动特点的比较，得出三方面的研究结论：

（1）后期较前期异方差项（GARCH）的系数从 0.903 2 提高到 0.966 4，而残差项（ARCH）的系数却从 0.076 5 下降到 0.027 5，表明当前企债市场长记忆性更强，市场信息的冲击反而趋弱。

（2）两阶段均无风险溢酬效应存在，但在较大显著性水平下（10％），TGARCH 和 EGARCH 模型都证明后一阶段存在微弱的杠杆效应。这表明在债市牛市期间没有活跃的交易配合，债券投资者的市场行为发生了一定改变，利好的边际效用已经小于利空。

（3）前期交易额波动率对企债收益率存在相对微弱的解释能力，但后期却趋于消失。综合考虑全样本期间和分阶段的研究结论，可知企债指数样本债券交易额对企债收益率波动影响不大，但是，交易额波动率变化却对企债收益率波动的特点具有一定影响。随着交易额波动率的趋弱，其对企债收益波动率的影响趋于由微弱转为消失，杠杆效应却逐渐开始显现，而长记忆性却显著提高，市场随机信息的冲击趋弱。总之，近年来，交易所企债一级市场融资功能开始明显提升，但二级市场有效性却出现一定程度的下降。

第三，通过对 2009—2019 年企债 30 收益波动率和企债收益波动率的比较，证明了活跃度对企债收益率波动的影响。主要结论为：（1）企债 30 指数交易额波动相对较大，样本债券市场交易活跃，但是，样本期间纵向活跃度比较并无改善。（2）交易额波动率同企债 30 指数收益波动率存在可以忽略的影响，即影响存在，但是微弱至极，无实质性意义。（3）与同期企债收益波动率

表5-11 2009—2019年企债收益率与企债30收益率ARMA-GARCH模型族估计结果比较

	变量	企债收益率模型 2009—2011年			企债收益率模型 2012—2019年			变量	企债30收益率模型比较	
		GARCH	v-GARCH	GARCH-v-m	GARCH	EGARCH	TARCH(1,1)		GARCH	GARCH-v
均值方程	C1	0.012 2**	0.018 3**	0.012 3*	0.012 7*	0.011 7*	0.012 8*	C1	0.016 2*	0.016 0*
	AR(1)	0.965 5*	0.955 6*	0.965 6*	0.962 5*	0.964 5*	0.962 5*	AR(1)	0.912 7*	0.910 6*
	MA(1)	−0.896 5*	−0.896 9*	−0.896 7*	−0.843 8	−0.846 7*	−0.843 8*	MA(1)	−0.833 2*	0.829 2*
	v	—	0.002 2***	—	—	—	—	v	—	0.000 02***
方差方程	C2	0.001 1*	0.000 1***	0.000 1***	3.17E-06	−0.104 4*	0.000 0	C2	0.000 114*	0.003 0*
	残差项	0.076 5*	0.077 3*	0.076 7*	0.027 5*	0.083 2*	0.022 7*	残差项	0.127 516*	0.120 5*
	ARCH(1)	0.903 2*	0.903 0*	0.902 8*	0.966 4*	0.993 9*	0.966 4*	ARCH(1)	0.868 4*	0.798 0*
	交易量	—	—	0.000 000 2	—	−0.000 07	0.000 0	交易量	—	−0.000 018*
	AIC	−2.935 1	−2.537 5	−2.536 4	−4.627 6	−4.636 3	−4.626 7	AIC	−2.453 8	−2.474 5
	SC	−2.495 0	−2.587 1	−2.486 0	−4.607 6	−4.610 5	−4.603 8	SC	−2.438 4	−2.454 7
	AR特征根	1.030 9	1.030 9	1.030 9	1.041 7	1.041 7	1.041 7	AR(1)特征根	1.098 9	1.098 9

续表

企债收益率模型 2009—2011年

变量	GARCH	v-GARCH	GARCH-v-m
MA 特征根	1.1111	1.1111	1.1111
GED分位数	1.2694*	1.2697*	1.0834*
残差检验 F	0.0932	0.0854	0.0908
	0.7603	0.1224	0.7702
残差检验 LM	0.0934	0.0856	0.0911
	0.7599	0.7699	0.7628

企债收益率模型 2012—2019年

变量	GARCH	EGARCH	TARCH(1,1)
MA(2)特征根	1.0915	1.1765	1.1905
GED分位数	1.1842*	1.10969*	1.0830*
残差检验 F	0.1073	0.0600	0.1290
	0.7433	0.8065	0.7195
残差检验 LM	0.1074	0.0601	0.1292
	0.7432	0.8063	0.7193

企债30收益率模型

变量	GARCH	GARCH-v
MA(2)特征根	1.2048	1.2048
GED分位数	0.9875	1.0085
残差检验 F	5.3678	4.4137
	0.0206	0.0357
残差检验 LM	5.3611	4.4097
	0.0206	0.0357

注:"*"表述在1%显著性水平下具有显著性,"**"表述在5%显著性水平下具有显著性,"***"表述在10%显著性水平下具有显著性。

资料来源:根据EViews 7.0计算整理。

不同，企债30收益波动率并无杠杆效应，对利多与利空的市场反应程度一样。（4）企债30指数方差方程中GARCH项的系数（0.868 4）小于企债收益率（0.966 4），波动的长记忆性相对较小。（5）企债30指数收益率序列AR（3）-GARCH（1，1）模型残差滞后项对条件方差的冲击弹性系数（0.127 5）较同期企债收益率时序（0.027 5）的明显增大，即市场信息对下期波动率的冲击实现了较大提升。

总之，市场交易额波动率和活跃度对企债收益波动率具有重要意义。随着二者的提升，企债收益率波动的长记忆性将开始趋弱，对市场随机信息的反应强度开始增强，对杠杆效应趋于消除，但对样本期间的风险溢酬并无影响。

6 股指波动对企债收益率波动的影响

早在 1949 年，"现代证券分析之父"本杰明·格雷厄姆（Benjamin Graham）就在《聪明的投资者》中提出了股债投资组合配置的建议。此后，在该书的三次再版中，格雷厄姆都根据资本市场发展的实际情况，给出了不同的股债投资建议，乃至不同债券之间的配置选择。关于股债溢出关系的研究，存在负相关、正相关、无关系和阶段论等多种观点。根据"股债跷跷板"论，FTQ 和 FFQ 会导致股债市场间负相关。而根据股债（特别是企业债）定价理论，二者面临相似的经济环境，共变因素导致股债市场表现正相关。无关论则认为受股债市场分割影响或受全球化资产配置、金融创新冲击，股债之间替代程度趋弱。阶段论则认为只有在股市大幅持续衰退阶段，或某些特定发展阶段，股债之间才会产生波动溢出效应。

股债市场间波动的溢出一方面有利于金融资产价格发现和资源配置，另一方面也会引致"风险传染"效应。股票和债券是多层次长资本市场的核心组成部分，2009 年以来，债券市场快速发展，基本保持牛市态势，而股票市场基本保持熊市态势，识别期间交易所股票和企业债之间波动的溢出关系具有重要意义。

6.1 股指收益率特点及其分布

6.1.1 股指收益率序列特点概述

为保证同上文研究的可比性，取同期上证企债指数样本，即 2003 年 6 月 9 日至上证综合指数为原始样本数据，然后，计算其连续复利日收益率为计量估计样本。记 t 交易日上证综合指数为

s_t，上证综合指数连续复利日收益率（下文简称股指收益率）为 R_3，则

$$R_3 = \ln(s_t/s_{t-1}) \times 100 \qquad (6-1)$$

从图 6-1 可见，尽管上证综合指数（s_t）较上证企债指数、企债 30 指数波动较大，但其仍旧具有明显的变动趋势，为趋势性非稳定时间序列。对其进行对数运算得到的股指收益率（R_3）则具有稳定性，同时也具有一定丛聚性，波动幅度远较企债收益率和企债 30 收益率要大（注：后三幅图纵坐标轴刻度单位不一致）。

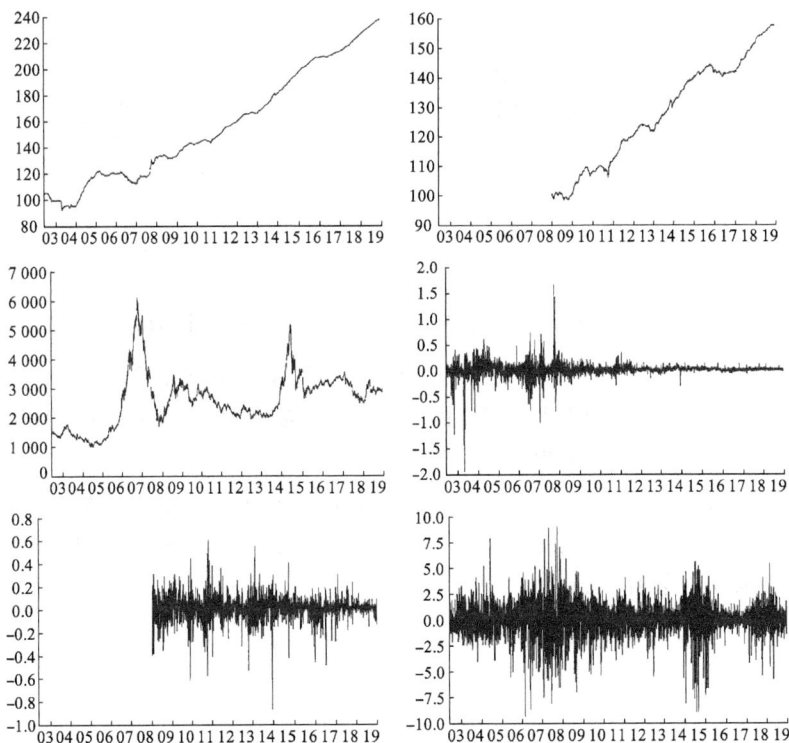

注：前三图为指数时间序列，后三图为指数收益率，依次为上证企债、企债 30 和上证综指

图 6-1 2003—2019 年上证、企债、企债 30 和上证综指及其收益率时间序列比较

6.1.2　股指收益率的风险溢酬现象

第一，纵向相比，股指收益率基本不存在风险溢酬现象。作股指收益率 R_3 的双轴折线图（图 6-2），左轴为收益率，右轴为标准差，观察股指收益率平均数和标准差的趋势变动关系。从图 6-2 可知，2003—2019 年，6 年股指收益年均值为正，其余为负值，存在典型的熊长牛短现象。这期间的 2008 年，股指收益率标准差最大，但收益率却最低，出现了高风险低回报现象。2006 年，标准差较小，但收益率却较高。总之，标准差和收益率基本并没有保持一致的波动趋势，并不存在风险溢酬现象。

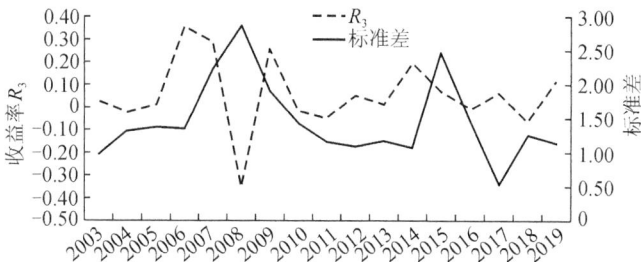

图 6-2　2003—2019 年股票收益率与标准差时间序列比较

第二，横向相比，股指风险溢酬率多数年份低于债券。以年复利收益率平均值/标准差计算单位风险实现的收益率，即标准差系数的倒数，作为风险溢酬率指标。从图 6-3 可知，2003—2019 年，其中 12 年企业债（R_1）风险溢酬率大于股票风险溢酬率（R_3），仅有 5 年股票风险溢酬率大于企债。就平均而言，股票也处于落后状态。

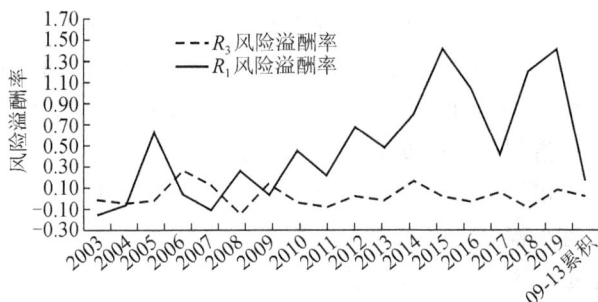

图 6-3　2003—2019 年股债风险溢酬率比较

记简单年收益率＝（年末指数－年初指数）/年初指数，从图 6-4 可知，2004—2019 年，仅 2006、2007、2009、2014、2017 和 2019 年股指简单收益率高于企债收益率，其余 10 年则是企债指数简单收益率处于领先地位。2009—2013 年，企债 30 累积简单收益率也略高于股指累积收益率，和"股票投资高风险高回报"的常识并不一致。这在一定程度上也反映了股票投资择时比证券投资更加重要和复杂，体现了股债投资关系的重要性。

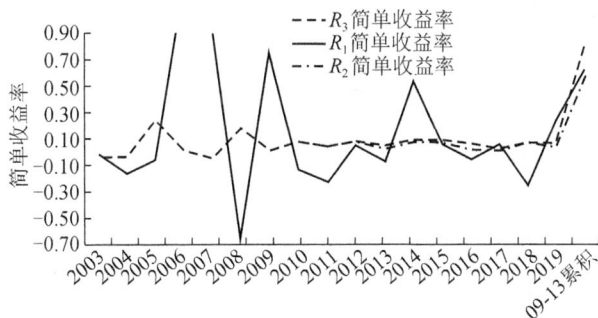

注：2006 年股指简单收益率 130％没有显示。

图 6-4　2003—2019 股债简单收益率比较

6.1.3　股债之间的跷跷板效应

从历史数据来看，股债指数和日均交易额之间并无明显的跷跷板效应存在。从图 6-1 可知，似乎 2009 年以来，股指回落走熊，债值趋升走牛，二者之间存在跷跷板效应，但进一步细分可以观察到，在 2004 年，股债指数同处于历史低位，同样在 2011 年的 8 月和 2013 年的下半年，股债指数也同时回落。2007 年牛市期间，股指创出历史新高，企债指数确实有一定回落，但也仅是在高位小幅回落。2017 年，股指存在较大幅度下降，而企债指数同样具有小幅度下降趋势。股债指数之间跷跷板现象的出现并不存在稳定关系，具有复杂性。

从股债日交易平均额来看，也不存在明显跷跷板效应。由图 6-5 可知，上证综指日均交易额之间并不存在喇叭或剪刀状变动趋势，而是各自保持了自身的变动规律。例如，2008—2012 年，上证综指日均交易额经历了上升连续下跌的变动趋势，但是，企债指数交易额却是先经历了连续四年的相对平稳后，到 2012 年有了爆发式的增长。2012—2014 年，上证综指与企债指数日均交易额均保持稳健上升趋势。2015 年，上证综指日均交易额呈现出历史新高，而企债指数日均交易额也并未因此有大幅度下降。同样，2016—2018 年，上证综指与企债指数日均交易额也维持同步稳定下降趋势。

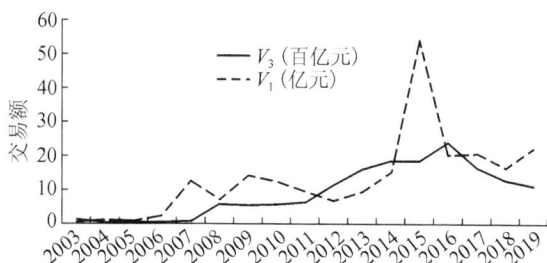

注：股票成交额为上证综指成交额，单位为百亿元。企债成交额为上证企债指数成交额，单位为亿元。

图 6-5　2003—2019 股债日均交易额比较

6.1.4　股指收益率分布的特点

基于以下考虑，本章以企债 30 收益率和上证综指收益率作为研究变量，以 2003—2019 年为样本期间。第一，企债收益率和企债 30 收益率波动趋势具有高度相关性（见图 6-6）。如果将资金轮动作为解释股债指数收益率相关性的成因之一，则代表交易活跃的企债 30 指数收益也是更好的选择。第二，无论是图形的直观观察结果，还是第 5 章市场交易对企债收益率的影响，都表明 2009 年以来，企债收益率的特点发生了明显变化。此外，2004—2007 年上证综指也处于一个历史异常时期，企债 30 指数是从 2009 年开始编制。基于多方面因素的考虑，本章及下一章将重点分析 2009—2019 年企债收益率与股指收益率波动之间的关系。

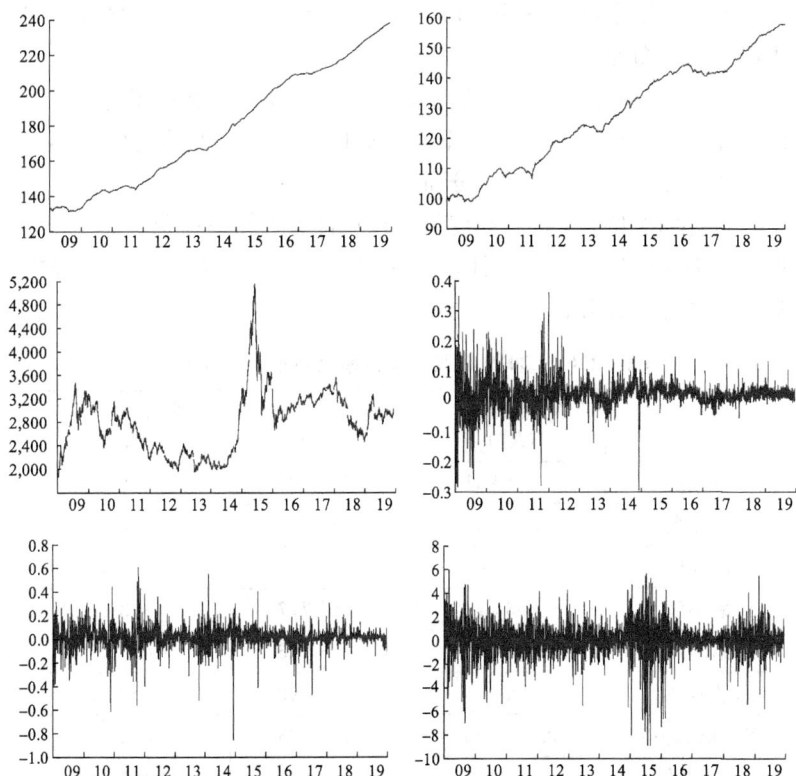

注：前三图指数时间序列，后三图为指数收益率，依次为上证企债、企债 30 和上证综指。

图 6-6 2009—2019 年企债、企债 30 和上证综指及其收益率时间序列比较

从图 6-6 可见，2009—2019 年，企债 30 收益率和股指收益率均为稳定序列，但存在丛聚现象。从描述统计指标值来看（见表 6-1），具有以下特点：

第一，股指复利收益率不足 1‰，但是，标准差系数却高达 189 倍。同企债收益率、企债 30 收益比较看，样本期间股指收益率属于高风险低回报的特点，并不存在风险溢酬。

第二，不同于企债收益率和企债 30 收益率为正偏态分布，股指收益率偏态值（Sk）小于 0，约为 $-0.383\,8$，为负偏态分布，即存在少数变量值很小，远偏离均值。

第三，股指收益率峰度值（K）大于 3，变量 R_3 概率分布尾部较正态分布厚。

第四，J-B 统计量伴随概率近似为 0，证明股指收益率 R_3 非正态分布。Q-Q 图也存在左下端偏离向左，右上方偏离向右的特征，这也证明 R_3 不为正态分布。

综合偏态值（Sk）、峰度值（K）特点可知股指收益率 R_3 分布呈现尖峰厚尾、负偏特征，为非正态分布，需要考虑建立异方差模型进行解释分析。

表 6-1　2009—2019 年股指收益率描述统计值及其比较

	企债收益率 （R_1）	企债 30 收益率 （R_2）	股指收益率 （R_3）
均值	0.021 923	0.017 023	0.018 083
中位数	0.020 590	0.016 517	0.066 943
最大值	0.360 981	0.606 300	5.935 686
最小值	$-0.293\,519$	$-0.856\,777$	$-8.873\,175$
标准差	0.048 760	0.093 126	1.420 465
标准差系数	2.224 148	5.470 599	78.552 508
Sk（偏态值）	$-0.127\,808$	$-0.515\,888$	$-0.834\,567$
K（峰度值）	11.071 400	11.794 070	8.169 428
$J-B$	7 265.791 000	8 735.100 000	3 287.794 000
P	0.000 000	0.000 000	0.000 000

6.2　股债收益率残差与条件异方差比较

6.2.1　股指收益率稳定性和自相关检验

6.2.1.1　稳定性检验

从上文（见图 6-6）可以初步判断股指收益率 R_3 为稳定时间序列，进一步对其进行 ADF 稳定性检验验证。利用 EViews 7.0 计算结果表明，含截距项、含趋势截距、不包含截距与趋势项三种情况下 ADF 统计检验量 t 值分别为 $-49.973\ 49$、$-49.970\ 16$ 和 $-49.975\ 97$，远小于 1% 显著水平下的临界值 $-3.435\ 536$、$-3.965\ 642$ 和 $-2.566\ 873$，其相伴概率也近似为 0。据此可以判定 R_3 为平稳时间序列，满足建立 GARCH 的基础条件。

6.2.1.2　自相关性检验

对股指收益率 R_3 进行自相关性检验，判断是否需要建立 ARMA 模型。在滞后 1—12 阶情况下，股指收益率自相关和非自相关均落入显著水平为 0.1 的随机区间内，统计检验量 Q 值偏小，Q 统计量的伴随概率 P 值偏大（见表 6-2）。因此，不同于企债收益率、企债 30 收益率时间序列，股指收益率不存在自相关和偏自相关性，不需要考虑建立 ARMA 模型。

表 6-2　股指收益率自相关和偏自相关性检验

Autocorrelation	Partial Correlation		AC	PAC	Q-stat	Prob
		1	0.034	0.034	3.166 1	0.075
		2	−0.025	−0.024	4.559 1	0.105
		3	0.022	0.025	5.814 6	0.121
		4	0.040	0.038	10.196	0.037
		5	0.001	−0.004	10.199	0.070
		6	−0.057	−0.055	18.799	0.005
		7	0.037	0.040	22.557	0.002
		8	0.039	0.032	26.554	0.001
		9	0.033	0.035	29.482	0.001
		10	−0.019	−0.017	30.410	0.001
		11	−0.040	−0.043	34.811	0.000
		12	0.019	0.014	35.802	0.000

6.2.2 股指收益率 GARCH 模型估计

6.2.2.1 条件异方差性检验

由于无法直接使用拉格朗日乘数检验法（LM）检验条件异方差（ARCH）的存在性，需要计算时间序列 $\{R_{3t}\}$ 的残差项 ε_{3t}，利用残差平方进行检验。

由于不存在显著的相关性，时间序列 $\{R_{3t}\}$ 不需要建立自回归移动方程（ARMA）。对于其回归模型一般形式为：$R_{3t}=\pi+\varepsilon_{3t}$（注式中 π 为样本平均值 0.018 1）。利用 $\varepsilon_3=R-\pi_{3t}$，计算得到残差平方时间序列 ε_{3t}^2。对残差平方时间序列 ε_{3t}^2 进行自相关和偏自相关性检验，从表 6-3 可知，其伴随概率（P）近似为 0，Ljung-Box Q 统计量具有显著性，拒绝自相关系数（AC）和偏自相关系数（PAC）为 0 的原假设，即 $\{R_{3t}\}$ 的残差项序列 $\{\varepsilon_{3t}\}$ 存在 ARCH 效应。

表 6-3　残差平方自相关和偏自相关性检验

Autocorrelation	Partial Correlation		AC	PAC	Q-stat	Prob
		1	0.185	0.185	91.714	0.000
		2	0.228	0.201	231.05	0.000
		3	0.242	0.185	388.24	0.000
		4	0.198	0.109	493.31	0.000
		5	0.166	0.058	567.50	0.000
		6	0.139	0.026	619.63	0.000
		7	0.156	0.053	684.51	0.000
		8	0.117	0.017	72 128	0.000
		9	0.122	0.030	761.17	0.000
		10	0.189	0.110	857.08	0.000
		11	0.118	0.021	894.25	0.000
		12	0.111	0.005	927.20	0.000

6.2.2.2 GARCH 模型族估计结果

对 2009—2019 年股指收益率序列 $\{R_{3t}\}$ 分别进行 GARCH、EGARCH、TARCH 和 GARCH-M 估计，在广义增广矩阵分布（GED）假设下，模型估计结果见表 6-4。

第一，股指收益率风险溢酬效应具有复杂性。从表 6-4 中计算结果可知，在 GARCH-M 模型中，若以 GARCH 或其平方根项作为上证指数收益率均值方程风险溢酬项，均值方差中风险因子项不具有显著性，即接受系数为 0 的原假设。若以 ln（GARCH）作为上证指数收益率均值方程风险溢酬项，则在 10% 显著水平下，GARCH-ln（σ^2）是优良的估计过程。可见 2009 年以来，股指收益和风险存在一定关系，但这种关系具有复杂性，不是简单的线性关系。

第二，不存在杠杆效应，不会对条件异方差产生影响。在 EGARCH 和 TARCH 模型中，不对称项的系数分别为 −0.003 136、−0.002 787，二者系数估计值在置信度为 10% 下并不具有显著性，接受系数为 0 的原假设，表明并不存在杠杆效应。即股指收益率序列 $\{\varepsilon_{3t}\}$ 的波动不存在非对称性存，不会对条件异方差值产生影响。

表 6-4　股指收益率序列 GARCH 模型族估计结果比较

	模型	GARCH	EGARCH	TARCH	GARCH-ε	GARCH-ln(σ^2)
风险项	M	—	—	—	0.052 136	0.003 479
方差方程	c2	0.007 317 **	−0.088 058 **	0.007 232 *	0.007 863 *	0.007 400 *
	ε2	0.051 594 **	0.122 279 **	0.052 945 **	0.051 855 **	0.051 622 **
	GARCH(1)	0.945 182 **	0.993 546 **	0.945 415 **	0.944 508 **	0.945 087 **
	非对称项	—	−0.003 136	−0.002 787	—	—
AIC		3.154 174	3.152 878	3.340 97	3.154 567	3.154 912
SC		3.165 19	3.166 097	3.362 024	3.167 786	3.168 131
GED 分位数		1.166 463	1.171 501	1.249 326	1.165 119	1.166 613
DW 值		1.928 384	1.928 383	1.959 680	1.924 085	1.928 120

注：** 表示在 1% 显著水平下该系数值不为 0，* 表示在 10% 显著水平下该系数值不为 0。

第三，自回归条件异方差（ARCH）已消除。对广义自回归

条件异方差模型 GARCH 进行拉格朗日（*LM*）检验，统计量
$F=2.328\ 164$，$TR^2=2.317\ 888$，相伴概率分别为 0.128 0 和
0.127 9，接受股指收益率残差序列 $\{\varepsilon_{3t}\}$ 不存在 ARCH 效应的
原假设。

6.2.3 股债残差与条件异方差比较

根据第 5 章企债 30 收益率 ARMA-GARCH 模型估计结果，
可以获得其残差 $\{\varepsilon_{2t}\}$ 和自回归条件异方差（GARCH）序列。
根据本章股指收益率 GARCH 模型，同样可以计算股指收益率的
残差和自回归条件异方差序列。然后对股指收益与企债 30 收益
残差、条件异方差序列进行比较，发现二者之间并不存在规律性
关系。从图 6-7 上图可知，股指收益率与企债收益率残差之间关
系非常不规则与复杂，极难寻觅二者相关规律。从下图自回归条
件异方差（GARCH）关系来看，二者之间虽然并不存在典型的
经典线性或非线性关系，但是在一定区间范围之内，二者之间的
关系至少还是清晰简单的。

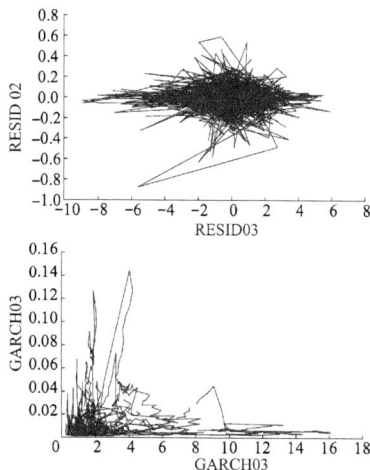

注：上图为残差关系图，横轴 RESID03 代表股指收益残差，纵轴为企
债 30 收益残差。下图为二者之间的条件异方差关系（GARCH）关系图。

图 6-7 2003—2019 年企股指收益与企债收益残差、条件异方差关系图

6.3 股债收益率波动溢出多元 GARCH 模型

6.3.1 diag-BEKK 模型概述

MVGARCH 基础模型的定义式为：

$$
\begin{cases}
y_t = \mu_t(\theta) + \varepsilon_t \\
\varepsilon_t \mid I_{t-1} = H_t^{1/2}(\theta) Z_t \\
Z_t i.\, i.\, d.\ E(z_t) = 0\ VAR(z_t) = I_t \\
H_t = VAR(y_t \mid I_{t-1})
\end{cases}
\tag{6-2}
$$

其中，$\{y_t\}$ 是 $N+1$ 维随机列向量，$y_t = (y_{1t}, y_{2t}, \cdots, y_{Nt})'$，$\theta$ 为参数向量，$\mu_t(\theta)$ 是 $N \times 1$ 维条件均值向量（N 是元素的个数）。H_t 为条件方差矩阵，I_{t-1} 是 $t-1$ 时刻的信息集，$H_t^{1/2}(\theta)$ 为任意正定阵，$\varepsilon_t \mid I_{t-1}$ 服从 $N(0, H_t)$。

MVGARCH 基础模型存在参数过多和估计困难等不足，围绕经济意义明确、解决"维数灾难"和确保协方差矩阵的正定性等难题，研究者对模型中条件方差矩阵采取了多种展开形式来"合理"参数化，得到了 VEC、DVEC、BEKK、CCC-GARCH、FARCH 和 BEKK 等多种形式的 MVGARCH 模型。

通过对一元 GARCH（p，q）模型的扩展，Bollerslev（1988）等构建了 MGARCH 的 VEC（p，q）表达式。模型 VEC（p，q）给出了 H_t 的一般形式：

$$
vec(H_t) = vec(\Omega) + \sum_{i=1}^{q} A_i vec(\varepsilon_{t-1} \varepsilon'_{t-1}) + \sum_{i=1}^{p} B vec(H_{t-1})
\tag{6-3}
$$

式中，$vec(H_t) = (h_{11t}, h_{11t}, h_{11t}, h_{11t}, \cdots, h_{NNt})'$，$vec$ 为一个向量半算子的记号，表示将对称矩阵下三角部分表示为列形式。$\varepsilon_t = (\varepsilon_{1t}, \varepsilon_{2t}, \cdots, \varepsilon_{Nt})$，$N$ 是元素的个数。

vec（p，q）能够直接反映波动之间的交叉关系，但是，也存在"维数灾难"和 H_t 正定条件严格等不足。在式（6-3）中，参数 A_i、B_i 是 $N(N+1)/2 \times N(N+1)/2$ 矩阵，需要估计的参数太多。此外,在 $vec(p, q)$ 模型中,每个条件方差和协方差是所有滞后条件方差和协方差,以及滞后收益残差平方和残差交叉乘积的函数。其中,例如,当 $N=2$,$p=q=1$,记作 $vec(1, 1)$,则

$$h_{11,t} = \alpha_{10} + \alpha_{11}\varepsilon^2_{1,t-1} + \alpha_{12}\varepsilon_{1,t-1}\varepsilon_{2,t-1} + \alpha_{13}\varepsilon^2_{2,t-1} +$$
$$\beta_{11}h_{11,t-1}\ \beta_{12}h_{12,t-1} + \beta_{13}h_{22,t-1} \tag{6-4}$$

受如此众多因素影响,要保证 Ht 是正定阵,也是一个较严格的条件。

为了解决 Ht 正定检验的困难,Engle and Kroner(1995)综合 Baba _ Engle-Kroner-Kraft 成果,对 VEC 模型进行了限制,提出了 BEKK(p,q,k)模型:

$$H_t = \Omega^{*'}\Omega^* + \sum_{k=1}^{k}\sum_{i=1}^{q} A^{*'}\varepsilon_{t-1}\varepsilon'_{t-1}A^* +$$
$$\sum_{k=1}^{k}p\sum_{i=1}^{p} B^{*'}H_{t-1}B^* \tag{6-5}$$

式中,$\Omega*$、A^* 和 B^* 是都是 $N \times N$ 维矩阵,Ω^* 是上三角矩阵。加总的 K 用来反映 MGARCH 过程的一般性,实际估计工作中通常取 1。在(6-5)式中,假定 A^* 和 B^* 都是对角矩阵,BEKK(p,q,k)模型需要估计的参数就会再次较少,简化后的模型称为 diag-BEKK 模型(简称 diag-BEKK)。diag-BEKK 模型参数较少,估计相对简单,还可以保证 H_t 在任意时刻正定。由于 BEKK 模型估计困难,通常假设 $p=q=k=1$[①],diag-BEKK 模型则简化为:

$$H_t = \Omega^{*'}\Omega^* + A^{*'}\varepsilon_{t-1}\varepsilon_{t-1}'A^* + B^{*'}H_{t-1}B^* \tag{6-6}$$

该模型假定条件方差仅与其滞后残差平方和其自身滞后项有关。式中 $\varepsilon_{t-1}\varepsilon_{t-1}^T$ 是 ARCH 项,H_{t-1} 是 GARCH 项。

6.3.2　股债指数收益率 diag-BEKK 模型构建

从前文分析可知,企债 30 收益率序列 $\{R^2\}$ 和股票收益率

---

① Silvennoinen, Annastiina, Teräsvirta. "Multivariate GARCH models". SSE/EFI Working Paper Series in Economics and Finance, 2008(669).

序列 $\{R^3\}$ 都是稳定序列，存在自回归条件异方差（ARCH）效应，满足建立 MVGARCH 模型的基础条件。

设 $R_{2,t}$，$R_{3,t}$ 和 $\mu_{2,t}$，$\mu_{3,t}$ 分别表示上证企债 30 和上证综指收盘价的对数日收益率和它们各自在总时期内的收益率均值。由于 $R_{2,t}$ 存在自回归，根据其 PC、PAC 的特点，

设：$R_{2,t} = c + AR(1) + AR(2) + \varepsilon$

而 $R_{3,t}$ 不存在自回归，但具有自回归条件异方差，因此，

设：$R_{3,t} = \mu_{3,t} + \varepsilon = 0.018\,1 + \varepsilon$

设二元对角 diag-BEKK（1，1）的条件方差为：

$$H_t = \Omega^{*\prime}\Omega^* + A^{*\prime}\varepsilon_{t-1}\varepsilon_{t-1}'A^* + B^{*\prime}H_{t-1}B^*$$

由于收益率 $R_{2,t}$，$R_{3,t}$ 残差为非正态分布，具有尖峰厚尾特征，因此，选择 t 分布进行估计。MVARCH 模型参数较多，似然估计是复杂的优化问题。其中，优化似然函数算法（简称 BHHH 算法）利用目标函数的梯度信息进行迭代和优化，被认为有较好的收敛性和统计性质，MVGARCH 模型参数估计多采用 BHHH 算法[①]。

6.3.3 股债指数收益率 diag-BEKK 模型估计结果

根据以上自相关和稳定性分析的结论，尝试建立股债收益率 $R_{2,t}$，$R_{3,t}$ 之间的二元 GARCH 模型。

首先，在 EViews 7.0 软件中，创建 $R_{2,t}$ 与 $R_{3,t}$ 组成的系统，其中：

$$R_{2,t} = C_1 + C_2 AR(1) + C_3 AR(2) + \varepsilon$$
$$R_{3,t} = \mu_{3,t} + \varepsilon = 0.018\,1 + \varepsilon$$

其次，利用 BHHH 算法估计二元 diag-BEKK（1，1）过程。其中，常数项系数的约束条件分标量法（SCALAR）、对角法（DIAGONAL）、无限制形式法（indefinite matrix）、秩数为 1 法（a rank one matrix）、满秩矩阵法（a full rank matrix）和目标方

---

① 刘志东：《多元 GARCH 模型结构特征、参数估计与假设检验研究综述》，《数量经济技术经济研究》，2010 年第 9 期。

程（variance target）进行估计。类似对 ARCH（1）和 GARCH（1）进行系数进行不同限制，进行估计。然后按照信息准则指标 SIC、SC 最小，以及模型简化优先两方面的原则选择估计模型。

经过反复尝试，在 5% 显著水平，只有常数项在标量法（SCALAR）情形下，各系数显著不为 0，各系数和模型整体通过相关检验。在其余关于常数项、ARCH（1）和 GARCH（1）系数限制情形下，无法实现各系数全部不为 0 的建设。根据 EViews 计算结果整理，企债 30 收益率和股指收益率二元 SCALAR -diag-BEKK 模型有关统计量和检验值如下（见表 6-5）。

表 6- 5　企债 30 收益率和股指收益率二元 SCALAR -diag-BEKK 统计值

均值方程			GARCH 方程系数			协方差项系数			
参数	系数值	P	参数	系数值	P	参数	系数值	卡方	P
μ	0.013 3	0	M	0.000 2	0	A1(1,1) * A1(2,2)	0.045 73	33.487 83	0
AR(1)	0.102 0	0	A1(1,1)	0.137 6	0	B1(1,1) * B1(2,2)	0.898 78	3 930.425	0
AR(2)	0.116 8	0	A1(2,2)	0.021 5	0				
			B1(1,1)	0.858 3	0				
			B1(2,2)	0.978 4	0				
T 分布检验		伴随概率(p)为 0							
AIC		1.007 450							
SC		1.025 087							

从表 6-5 可知，均值方程 $R_{2,t} = C_1 + C_2 AR(1) + C_3 AR(2) + \varepsilon$，在显著性水平 1% 下各系数参数显著不为 0，为优良估计过程。

广义自回归异方差方程：$\sigma^2{}_2 = M + A(1,1)^2 * \varepsilon_2(-1)^2 + B(1,1)^2 * \sigma_2^2(-1)$ 和 $\sigma_3^2 = M + A(2,2)^2 * \varepsilon_3(-1)^2 + B(2,2)^2 * \sigma_3^2(-1)$ 中参数 A(1,1)、A(2,2)、B(1,1) 和 B(2,2) 的伴随概率亦近似为 0，所以，在显著性 1% 水平下，拒绝原假设为 0 的命题。

对 $\sigma_{12} = M + A(1,1) * A(2,2) * \varepsilon_1(-1) * \varepsilon_2(-1) + B(1,$

$1) * B(2,2) * \sigma_{12}(-1)$ 进行参数检验,利用 WALD 统计法计算 A1$(1,1) * A1(2,2)$ 和 $B1(1,1) * B1(2,2)$ 的卡方值分别为 33.487 83、3 930.425,伴随概率近似为 0,可知在 1% 显著水平下,协方差方程显著。

6.3.4 对二元 SCALAR-diag-BEKK 模型的修正

方法一:在以上 SCALAR-diag-BEKK 基础上,尝试把 ARCH(1)和 GARCH(1)由滞后 1 阶向滞后 2 阶扩展。扩展后结果计算显示:在 10% 显著水平下,无法全部拒绝系数为 0 的假设,即 MGARCH(1,2)或 MGARCH(2,1)不是优良的估计过程。

方法二:将均值方程 $R_{2,t} = C_1 + C_2 AR(1) + C_3 AR(2) + \varepsilon$ 自回归项(AR)减少为滞后 1 期。简化后计算结果显示:各系数在 1% 水平下同样具有显著性,但是,信息准则统计量 AIC 和 SC 分别为 1.018 563、1.033 990,明显大于包含自回归项 $AR(2)$ 的 1.007 450、1.025 087。据此判断均值方程 $R_{2,t} = C_1 + C_2 AR(1) + C_3 AR(2) + \varepsilon$ 较去除 $AR(2)$ 项后的方程更加优良。

方法三:在以上 SCALAR-diag-BEKK 基础上,尝试引入门限项 TARCH,建立不对称 MGARCH 模型。在 1% 显著水平下,MGARCH 模型各系数仍旧显著不为 0。信息准则统计量:$AIC = 1.004 841, SC = 1.026 887$,与以上 SCALAR-diag-BEKK 模型结果相差很小,可以近似忽略不计。考虑不对称项影响的重要性,本研究认为建立含门限项 TARCH 的模型是更优良的估计量。

6.3.5 门限二元 SCALAR-diag-BEKK 模型及其解释

6.3.5.1 含门限项的二元 SCALAR-diag-BEKK 估计结果

根据 EViews 软件计算的结果,含门限项 TARCH 模型的估计模型均值方程为:

$$R_2 = C(1) + C(2)AR(1) + C(3)AR(2)$$
$$= 0.013 016 + 0.096 053AR(1) + 0.121 510AR(2)$$
$$R_3 = 0.018 1$$

方差方程为：

$$\sigma_2^2 = C(4) + c(5)2 * \varepsilon_{2(-1)}^2 +$$
$$c(7)2 * \varepsilon_{2(-1)}^2 * (\varepsilon_{2(-1)} < 0) + c(9)2 * \sigma_{2(-1)}^2$$
$$\sigma_3^2 = C(4) + c(6)2 * \varepsilon_{3(-1)}^2 + c(8)2 *$$
$$\varepsilon_{3(-1)}^2 * (\varepsilon_{3(-1)} < 0) + c(10)2 * \sigma_{3(-1)}^2$$

将估计结果带入后具体估计方程为：

$$\sigma_2^2 = 0.000\ 2 + 0.130\ 7 * \varepsilon_{2(-1)}^2 + 0.190\ 7 * \varepsilon_{2(-1)}^2 *$$
$$(\varepsilon_{2(-1)} < 0) + 0.866\ 0 * \sigma_{2(-1)}^2$$
$$\sigma_3^2 = 0.000\ 2 + 0.021\ 6 * \varepsilon_{3(-1)}^2 + 0.013\ 0 * \varepsilon_{3(-1)}^2 *$$
$$(\varepsilon_{3(-1)} < 0) + 0.976\ 9 * \sigma_{3(-1)}^2$$

协方差方程为：

$$\sigma_{2\_3} = C(4) + C(5) * C(6) * \varepsilon_{2(-1)} * \varepsilon_{3(-1)} + C(7) * C(8) *$$
$$\varepsilon_{2(-1)} * (\varepsilon_{2(-1)} < 0) * \varepsilon_{3(-1)} * (\varepsilon_{3(-1)} < 0) + C(9) *$$
$$C(10) * \sigma_{2\_3(-1)}$$
$$\sigma_{2\_3} = 0.000\ 5 + 0.046\ 0 * \varepsilon_{2(-1)} * \varepsilon_{3(-1)} - 0.024\ 5 * \varepsilon_{2(-1)} *$$
$$(\varepsilon_{2(-1)} < 0) * \varepsilon_{3(-1)} * (\varepsilon_{3(-1)} < 0) + 0.899\ 3 * \sigma_{2\_3(-1)}$$

以上估计式中各系数的统计值和相伴概率见表 6-6，从结果可以看出各系数在 1% 的水平下，均显著不为 0，含门限项的二元 SCALAR-diag-BEKK 模型为优良估计过程。

表 6-6　企债 30 收益率和股指收益率含门限 SCALAR-diag-BEKK 统计检验值

均值方程			GARCH 方程系数			协方差项系数			
参数	Z 值	p	参数	z 值	p	参数	系数值	x^2	p
μ	9.702 6	0	M	0.058 59	0	A1(1,1) * A1(2,2)	0.043 0	24.452 2	0
AR(1)	4.934 5	0	A1(1,1)	25.021 4	0	D1(1,1) * D1(2,2)	−0.014 5	4.621 6	0.010
AR(2)	5.925 0	0	A1(2,2)	25.991 8	0	B1(1,1) * B1(2,2)	0.876 3	3 789.183	0
			D1(1,1)	7.734 86	0				
			D1(2,2)	−2.789 5	0				

续表

均值方程			GARCH 方程系数			协方差项系数			
参数	Z 值	P	参数	z 值	P	参数	系数值	卡方	P
			B1(1,1)	213.099 1	0.005				
			B1(2,2)	679.904 2	0				
T 分布检验			伴随概率(P)为 0						
AIC			1.004 841						
SC			1.026 887						

6.3.5.2 模型估计结果的经济意义

第一，$R_{2,t}$ 与 $R_{3,t}$ 的波动冲击具有持久性和杠杆效应。方程 GARCH1 和 GARCH2 中 ARCH 项（即方程中 $\varepsilon_{i,t-1}^2$）和 GARCH 项（即方程中 $h_{ij,t-1}$ 项）的系数均显著不为零，说明 $R_{1,T}$，$R_{2,t}$ 上期波动 ARCH 和波动估计值都将对本期产生影响。其中，ARCH 项系数的显著性体现为前期的新息对本期波动性冲击的持续性影响，即当期的新息并不能完全融入当期的波动，它有一定的延迟效应，新息的冲击作用持续到以后的各期。A1（1，1）＝0.330 697 远大于 A1（2，2）＝0.216 092，表明债市对当期信息的敏感性比较强，当期信息主要对本期波动性产生影响，而对滞后期波动性影响的持续性相对较弱。

方程中 GARCH 项系数反映上一期的波动将引起对本期波动预测的程度。式中的 GARCH 项系数相对较大（0.866 039 和 0.976 907），说明大的波动会紧跟着另外一个较大的波动，具有波动率聚类的体现。而 B1（1，1）＝0.866 039 则远小于 B1（2，2）＝0.976 907，反映 $R_{3,t-1}$ 波动预测的影响对当期 $R_{2,t}$ 波动的影响较大。

第二，A1(1,1)＋B1(1,1)＝0.996 736，A1(2,2)＋B1(2,2)＝0.998 516，证明指数收益率波动性具有稳定性，影响的时间较长，一旦出现大的波动，将在短期内难以消除[①]。此外，在方程

---

① 若上期收到利空冲击，则两个方程相关系数之和分别为 0.997 1、0.999 2，则更具有持久性。

GARCH1 和 GARCH2 中，杠杆效应系数 λ_{ij} 分别为 0.190 7、0.013 0，均大于 0，说明指数收益率波动存在信息冲击的非对称性，利空消息对条件方差的冲击要大于利好消息，对 $R_{2,t}$ 波动的影响要大于 $R_{3,t}$。

第三，$R_{2,t}$ 与 $R_{3,t}$ 波动之间存在弱相关关系。参数显著性检验结果中（见表 6-6），相关系数 A1(1,1) * A1(2,2)、D1（1,1）* D1（2,2）、B1(1,1) * B1(2,2)都拒绝其对应值为 0 的原假设。进一步对 A1(1,1) * A1(2,2)＝B1(1,1) * B1(2,2)＝0，以及 A1(1,1) * A1(2,2)－D1(1,1) * D1(2,2)＝B1(1,1) * B1(2,2)＝0 进行 Wald 检验，估计结果的相伴概率近似为 0，证明 $R_{1,t}$ 与 $R_{2,t}$ 波动之间存在相关关系。

方程中 ARCH 项系数反映的是收益率波动协方差序列联合冲击性作用，即上一期的信息对两个变量的协方差的影响，GARCH 项系数反映了波动协方差序列相关性的持续性特征。$\beta_{11} * \beta_{12}$ 远大于 $\alpha_{11} * \alpha_{12}$，说明 $R_{1,t}$ 与 $R_{2,t}$ 波动关系的紧密程度主要受上期相关程度的影响。

diag-BEKK 模型无法反映不同变量之间溢出关系的强弱，但是，从模型系统残差的相关关系可见，$R_{1,t}$ 滞后期残差和 $R_{2,t}$ 残差的相关性要高于残差 $R_{2,t}$ 滞后期对 $R_{1,t}$ 残差的影响，这反映 $R_{1,t}$ 的波动更具有主导作用。但是，无论是从方程系数、系统残差相关关系来看，还是下文 $R_{1,t}$ 与 $R_{2,t}$ 的条件协方差序列图（见图 6-8）来看，都说明 $R_{1,t}$ 与 $R_{2,t}$ 波动之间仅存在微弱的相关关系。例如，在 $R_{1,t}$ 与 $R_{2,t}$ 的条件协方差序列图中，只有在 2009 年初和 2011 年末期两个时期条件协方差较大，其余时间相互影响冲击程度还十分有限。

6.3.6 条件协方差序列的波动性

从图 6-8 明显可见，在多数情况下，$R_{2,t}$ 与 $R_{3,t}$ 间条件协方差大于 0，具有稳定的同向冲击关系[①]。$R_{1,t}$ 与 $R_{2,t}$ 的条件协方差序列具有明显的丛聚性特点，$R_{1,t}$ 与 $R_{2,t}$ 滞后期的交互波动产生会对当期及未来产生持续性影响，即一只指数收益率的波动会造成另一只指数收益率的连续波动。这一特点和模型 COV1-2 中，COV1-2（-1）项具有相对较大的系数具有一致性系。

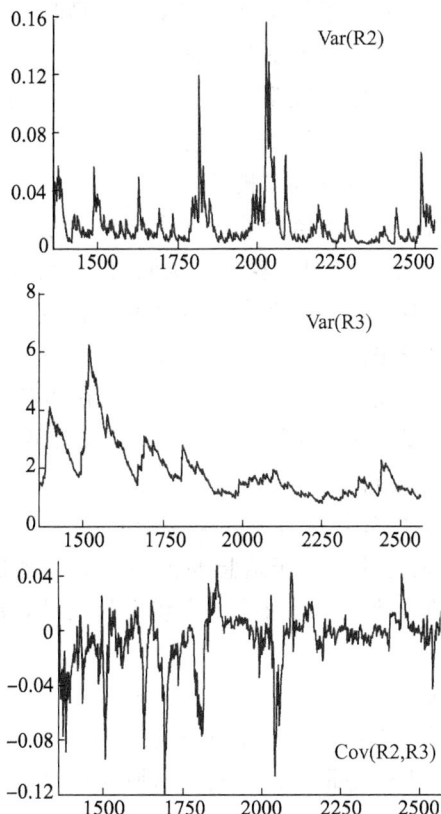

注：上图为企债 30 收益条件方差、中间为股指收益条件方差、下图为二者条件协方差，三幅图形坐标轴单位不一样。

图 6-8　2009—2019 年 $R_{2,t}$ 与 $R_{3,t}$ 条件方差与条件协方差序列

---

①　条件协方差为 $\rho_{1,2,t} = (E_{t-1}(R_{1,t} r_{2,t})) / \sqrt{E_{t-1}(R_{1,t}^2, E_{t-1}(R_{2,t}^2))}$。

6.4 本章小结

股指收益率也为稳定时间序列，且存在条件异方差效应，因此股债指数收益率之间满足建立多元条件异方差（MARCH）的基本条件。通过建立股指收益率GARCH模型和BEKK多元条件异方差模型，可以得出以下主要结论：

第一，股票市场定价效率高于交易所企债市场。2009—2019年，股指收益率 R_3 不存在自回归现象，存在相对较大风险溢酬效应，表明股票市场定价效率相对较高。

第二，股票市场风险溢酬效应具有一定复杂性。无论是股指年度收益/风险比值的纵向比较，还是同交易所企债收益/风险比值的横向比较，股指并不存在高风险高回报特点。从日收益率的动态关系看，收益率同其方程、标准差也不存在统计意义上的显著关系，但是，方差对数却对其均值水平存在相对较大的影响。

第三，二元BEKK模型证明上证综指收益波动率和企债30指数收益波动率之间存在一定溢出关系。其中，上期新息冲击（即 $\varepsilon_{2(-1)} * \varepsilon_{3(-1)}$）系数为0.0430，联合冲击（即 $\sigma_{2\_3(-1)}$）的系数为0.8763。联合冲击大于信息冲击表明股债溢出系数也存在聚类特性，大的波动之后会跟着一个较大的波动，波动的持续性较强。

第四，波动溢出效果存在较大的杠杆效应。利空对条件协方差影响的弹性系数为0.0575，而利好的弹性系数则仅为0.0285，二者之间存在较大的差距。杠杆效应从股债波动协方差关系图也可以得到直观验证。

第五，从股债协方差时间序列图可知，（1）条件协方差多数时间是围绕零值附近上下频繁波动，说明股债两市尽管存在溢出关系，但影响相对较弱。从股指收益波动率和企债收益波动率时间序列图的比较来看，二者并无明显的共振趋势，相反，独立性比较明显。（2）协方差多次在正负之间转换，表明股债收益率波动溢出关系并不稳定。（3）尽管在熊市阶段股指也有几次阶段性上行时期，但是协方差相应的向上波动较弱，而在每次股指的下行阶段，协方差则表现出了较大向下波动，甚至是相对巨幅波动。这印证了杠杆效应的存在，和股债波动溢出之间股市更具有主导作用，特别是在下行阶段。

　　总之，实证结论支持二者之间存在一定溢出关系，但溢出程度相对非常微弱，并具有时变性和杠杆效应。此外，无论是交易额还是市场指数价格，股债之间的跷跷板效应并不确定，且具有时变特点。

7 Shibor 波动对企债收益率波动的影响

在一级市场上，无论是"Shibor＋利差"发行定价方式，还是竞争性招标与询价模式，市场基准利率对企业债价格的形成都具有重要参考意义。二级市场上，企业债的理论价格等于未来收益的现值，而贴现率的确定也是建立在基准利率水平基础上的。当前，无论是市场表现还是理论研究都表明 Shibor 在利率体系中的基础作用已逐渐形成。对企债收益波动率同 Shibor 关系的研究，有助于把握企债收益率波动的特点，为风险规避与投资组合决策提供理论依据，对政策制定者判断货币政策传导机制的有效性也有一定参考意义。

7.1 Shibor 波动对企债指数收益率波动的影响

7.1.1 Shibor 及其在企债定价中作用

Shibor 是上海银行间同业拆放利率的简称，属于单利、无担保和批发利率。根据《上海银行间同业拆放利率实施准则》，Shibor 根据报价团商业银行人民币同业拆出利率报价计算确定。报价团银行由人民银行 Shibor 工作小组确定和调整，报价行具有较高的信用等级，是公开市场一级交易商或外汇市场做市商。报价团银行是货币市场交易活跃和信息披露充分的银行，有利于确保 Shibor 的有效性。

Shibor 作为我国金融市场基准利率体系建设和利率市场化改革配套的重要基础设施，2008 年易纲提出"应逐步确立 Shibor 的基准性地位"，指出 Shibor 能否成为基准、能否被广泛运用，直接标志着人民币市场建立、资本项下逐步可兑换、中国经济能否成功、全世界是否愿意持有人民币资产等①。目前，金融市场已初步形成了以 Shibor 为基准的定价机制，Shibor 在市场化产品定价中得到广泛运用。第一，Shibor 对债券产品定价的指导性持续增强，以 Shibor 为基准加点生成企业债券利率的市场化机制基本形成；第二，以 Shibor 为定价基准的利率、远期利率协议、同业借款、同业存款和理财产品等金融衍生产品得到快速发展；第三，票据转贴现、回购业务逐步实现了以 Shibor 为基准的市场化定价机制；第四，报价商业银行及其他金融机构以 Shibor 为基准的内部转移定价机制也已逐步形成与完善。项卫星和李宏瑾（2014）通过对 Shibor 运行近 7 年情况的实证分析，也证明 Shibor 具有良好的市场代表性、基准性和稳定性，已经具备了货币市场基准利率的基本特征，较好地发挥了货币市场基准利率的作用②。

在企业债一级市场，采取"Shibor＋利差"方式发债有利于发现企业的价值。其中，Shibor 能够反映市场供求，由基差、期限差、信用差、选择权利差和市场预期等构成的利差，有利于反映企业的信用和资质等。2007 年以来，"Shibor＋利差"的企业债发行定价机制受到央行和财政债券发行主管部门的重视和推广。Shibor 包括隔夜、1 周、2 周、1 个月、3 个月、6 个月、9 个月及 1 年 8 个品种。

考虑到 Shibor 与 Libor 作用机制相似（尽管目前 Libor 更多影响的是它本国的利率和央票以及债券的价格，但随着利率市场化，我国基准利率就会在货币政策中发挥更大的作用），与 Libor 有一定的关联，Libor 在我国利率改革的大背景下能进一步通过基准利率对其他市场利率的影响来影响债券的价格。本章首先对 Libor 和 Shibor 进行比较分析，以探讨国内外基准利率的不同之处，深入研究 Shibor 与债券价格之间的关系。

图 7-1 分别是 Shibor 和 Libor 的隔夜、3 月以及 6 月的 2019

① 易纲：《进一步确立 Shibor 的基准性地位》，《中国货币市场》，2008 年第 1 期。
② 项卫星、李宏瑾：《货币市场基准利率的性质及对 Shibor 的实证研究》，《经济评论》，2014 年第 1 期。

年利率走势图。从 Shibor 来看，3 月和 6 月的走势基本相同、波动幅度较小且基本持水平状态，无明显的上升或下降趋势，总体平稳。隔夜利率走势呈现大幅上下波动，在 1% 至 3% 之间波动，但是也没有明显的走向。从 Libor 来看，隔夜、3 月和 6 月的走势基本平稳，虽然 3 月和 6 月利率在前期出现下降趋势，但最终归于稳定状态。隔夜拆借利率总体平稳，保持在 0.6%－0.8% 的区间内。由此可见，相比于国内的利率，Shibor 更平稳。从国内基准利率来说，长期利率相比于短期利率更加稳定。因此，1 个月以下的短期品种不适合作为中长期债券的基准利率，3 个月以上 Shibor 走势在一定程度上反映市场资金供求以及利率走势预期，较适合作为基准利率。但是 1 年期 Shibor 与中长期利率的联动关系最为紧密，也较稳定，因此，在企业债发行中多采取以 1 年期 Shibor 加利差的方式对企业债进行定价。

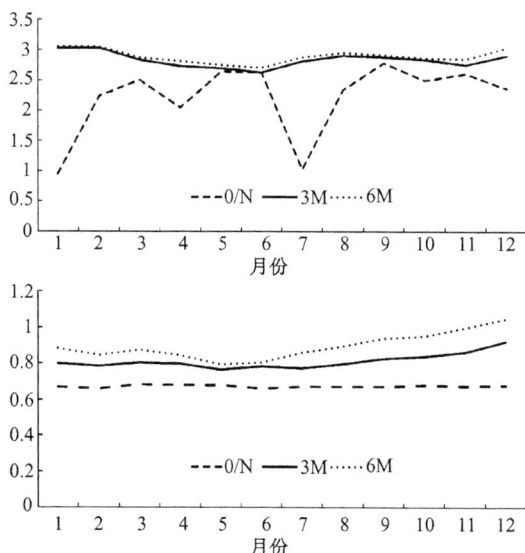

图 7-1　2019 年 Shibor（上图）和 Libor（下图）隔夜、三个月和六个月走势图

数据来源：东方财富网，http://data.eastmoney.com/shibor/default.html。

在企业债二级市场，沿着 "Shibor 货币市场供求—货币市场基准利率 Shibor—利率期限结构和风险结构—中长期利率—利率体系"的传递途径，企业债券交易价格波动和 Shibor 关系的密切程度对基准利率体系建设和利率市场化改革具有重要意义。

7.1.2 Shibor 及其复利收益率的描述统计

7.1.2.1 Shibor 及其复利收益率的时间序列与分布特点

为了保持可比性，选取 2009—2019 年 1 年期 Shibor 作为样本原始数据进行分析。记 1 年期 Shibor 为 I，对其进行统计分析。从时间序列（图 7-2 左图）可知，2009 年以来，1 年期 Shibor 经历了 2010 年下半年从 2.3% 开始的快速拉升，2011 年年中开始在顶部 5.3% 水平上的震荡。2012 年年初开始小幅回落，年中回落到 4.5% 的水平之后，持续震荡约 1 年，然后在 2013 年三季度开始上升，再次回到大约 5.0% 的水平。然而，经历 1 年的平稳期后，在 2014 年三季度开始小幅下降至 4.63% 的水平之后开始上升，但于 2015 年年初从 4.81% 的水平形成断崖式下跌，在 2016 年三季度跌至 3.3% 后再次快速拉升，然后一直保持上涨势头，在 2017 年年末回升至 4.76% 之后一直处于震荡期，虽有小幅增长但总体呈现下跌趋势，在 2020 年年初，跌至 2.99% 的水平。10 年中，1 年期 Shibor 并无显著的规律性波动趋势，时上时下，时而持续稳定，时而快速升跌，不属于稳定时间序列。从描述统计计算（见图 7-2 右图）指标来看，其峰度值（K）小于 3，偏态值（SK）小于 0，表明 1 年期 Shibor 也非正态分布，比较平坦分散。

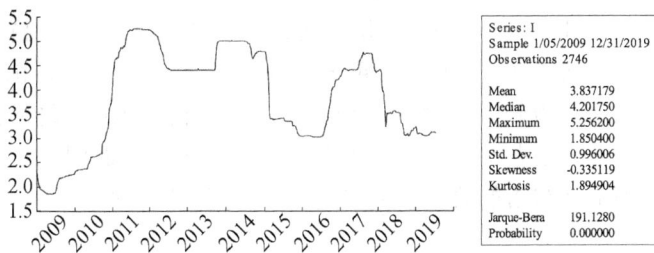

图 7-2 2009—2019 年一年期 SHIBOR 时间序列图（左图）和描述统计计算结果

计算 1 年期 Shibor 的复利收益率（下文简称 Shibor 收益率），并记其时间序列为 $\{R_4\}$。则：$R_{4t} = \ln\left(\dfrac{I_t}{I_{(t-1)}}\right)$，式中 I_t 为第 t 日 1 年期 Shibor。从 $\{R_4\}$ 的时间序列图（见图 7-3）可知，2012 年四季度之前，1 年期 Shibor 收益率波动率相对较大，之后波动相对较小，2014 年四季度之后波动幅度再次变大，但并未有明显的上升或下降趋势，总体属于稳定时间序列。从描述统计指峰度值、偏态值和 J-N 指标值等可知 $\{R_4\}$ 也非正态分布，具有右侧拖尾、尖峰厚尾特点。

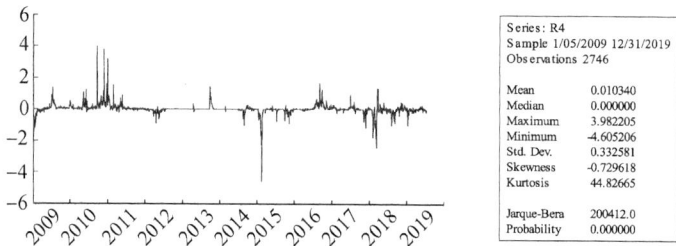

Series: R4	
Sample 1/05/2009 12/31/2019	
Observations 2746	
Mean	0.010340
Median	0.000000
Maximum	3.982205
Minimum	-4.605206
Std. Dev.	0.332581
Skewness	-0.729618
Kurtosis	44.82665
Jarque-Bera	200412.0
Probability	0.000000

图 7-3　2009—2019 年一年期 SHIBOR 复利收益率时间序列图（左图）及描述统计

7.1.2.2　Shibor 与企债 30 收益率之间关系的描述统计分析

上证企债 30 指数是交易所债券市场 30 只质地好、规模大、流动性强的非股权连接类的企业债券，反映了沪市企业债券的整体表现。基于第 6 章相同的原因，本章同样取企债 30 收益率作为交易所企业债的收益率的衡量指标。

第一，Shibor 与企债 30 指数之间不存在稳定、单一趋势的相关关系。从图 7-4（上图）可知，2009—2019 年期间，随着 1 年期 Shibor（横轴）的增大，企债 30 指数并无确定的趋势，既有同向关系，也有逆向关系，还有常数不变关系。而同期 1 年期 Shibor 和上证综指的关系就更加复杂无序（见图 7-4）。

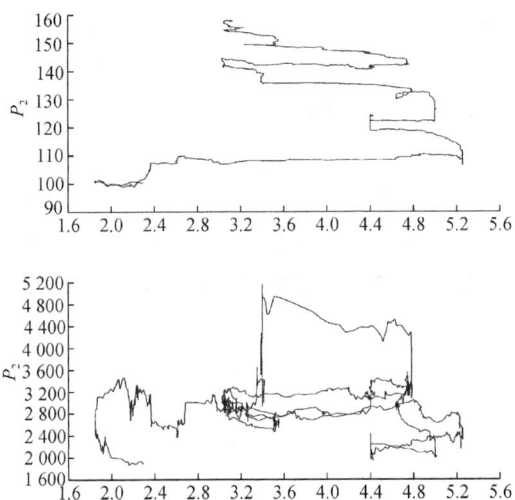

图 7-4 2009—2019 年一年期 Shibor 与企债 30 指数（上图）和股指（下图）关系图

第二，Shibor 与企债 30 收益率之间也无趋势性相关关系。从图 7-5 上图可知，随着一年期 Shibor 的增大，企债 30 收益率

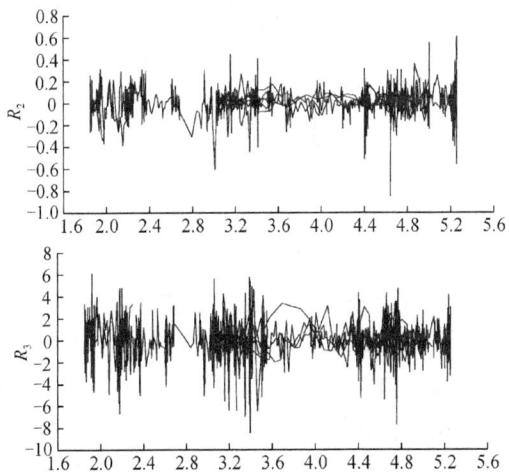

图 7-5 2009—2019 年 Shibor 与企债 30 收益率（上图）、股指收益率（下图）关系

（R_2）仅是围绕 0 上下波动，既无上升趋势，也无下降趋势，而且表现为 Shibor 的两端波动频率较大，存在群聚现象。股指收益也存在类似情形，只是波动幅度更大，频率更高。

进一步观察 Shibor 收益率与企债 30 收益率的关系，从图 7-6 可知，二者之间的关系更加复杂和杂乱无章，几无规律可循。从数学角度看，一对多现象非常普遍，并不存在确定的数学函数关系。Shibor 收益率与股指收益率之间也存在类似情形。

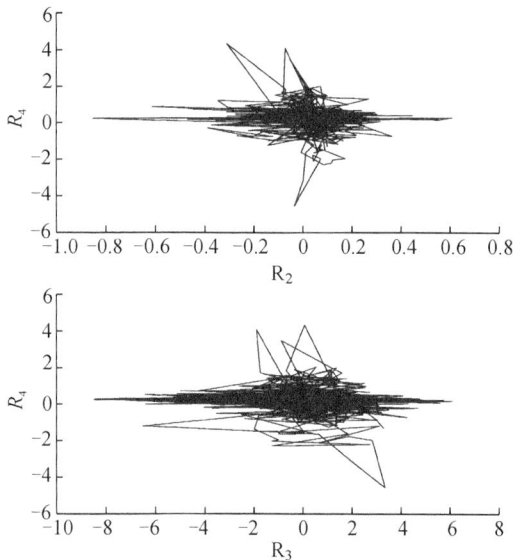

图 7-6　2009—2019 年 Shibor 收益率与企债 30 收益率
（上图）、股指收益率（下图）关系

第三，Shibor 与企债 30 残差、条件异方差之间无趋势性相关关系。第 5 章证明 ARMA-GARCH-M 是企债收益率 $\{R_2\}$ 的优良估计过程，同理可证 Shibor 收益率 $\{R_4\}$ 也是一个 ARMA-GARCH 过程。在广义增广矩阵分布（GED）假设条件下，利用 ARMA-GARCH-M 模型分别计算 Shibor 收益率 $\{R_2\}$ 和企债 30 收益率 $\{R_4\}$ 的残差、条件异方差系列，分别绘制相关序列图。从图 7-7 可知，残差 $\{\varepsilon_2\}$ 与 $\{\varepsilon_4\}$ 之间、条件异方差 $\{\delta_2^2\}$ 与

$\{\delta_4^2\}$ 之间也无规律性关系而言。随着 $\{\varepsilon_2\}$ 的增大，$\{\varepsilon_4\}$ 呈现杂乱无规则运动规律，$\{\delta_2^2\}$ 与 $\{\delta_4^2\}$ 之间的情况类似，$\{\delta_4^2\}$ 主要集中在 $[0, 1]$，期间 $\{\delta_2^2\}$ 在 $[0.06, 0.09]$ 波动，在同一 $\{\delta_4^2\}$ 情况下，$\{\delta_2^2\}$ 存在多个对应值，二者之间关系高度发展。

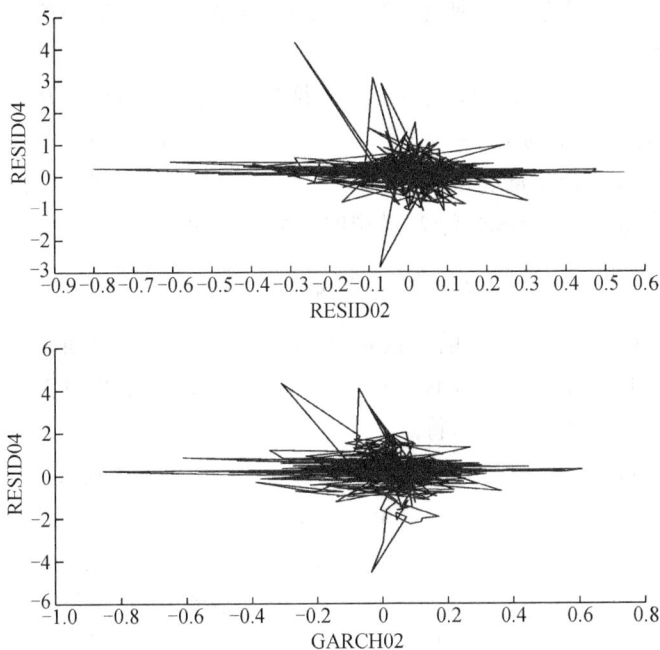

图 7-7　Shibor 收益率、企债 30 收益率残差（上图）与
条件异方差（下图）关系

7.2　Shibor 收益率与企债 30 收益率之间的 Var 关系

7.2.1　相关方法概述

传统的计量经济方法是以经济理论为基础，区分内生、外生或前定变量来描述变量关系的模型。但在现实经济中经常存在多个关联性变量构成的系统，系统中一个变量的变化不仅与其自身滞后值有关，还会与其他变量滞后值有关，即相互之间存在动态

相关关系。在计量技术上，为了满足结构性方法方程可识别的要求，常常需要假定某些前定变量仅出现在某些方程中，但这也和现实并不一致。针对以上不足，克里斯托弗·西姆斯（Christopher Sims，1980）将向量自回归模型（下文简称 VAR 模型）引入经济学中，利用非结构性方法刻画多个变量均值之间短期动态互动关系[1]。

在 VAR 模型中，设一组 n 维时间变量为 R_{1t}，R_{2t}，…，R_{nt}，将其表示为 $R_T = \begin{bmatrix} R_{1t} & R_{2t} & \cdots & R_{nt} \end{bmatrix}'$，其中，每个变量都对预测其余变量起作用时（即变量关系平等，无需区分内生和外生变量），则 VAR（p）模型的一般形式为：

$$R_t = C + \sum_{i=1}^{p} \Phi_i R_{t-i} + \varepsilon_t$$

式中，C 代表 $n \times 1$ 维的常数向量，Φ 表示 $n \times n$ 的自回归系列矩阵，ε_t 代表 n 维误差向量，ε_t 满足均值为 0，方差和协方差矩阵不随时间变化而变化的特点。

假设 $n = 2$，$p = 1$，则二维 VAR（1）的具体形式为：

$$\begin{bmatrix} R_{1t} \\ R_{2t} \end{bmatrix} = \begin{bmatrix} c_1 \\ c_2 \end{bmatrix} + \begin{bmatrix} \Phi_{11} & \Phi_{12} \\ \Phi_{21} & \Phi_{22} \end{bmatrix} \begin{bmatrix} R_{1,t-1} \\ R_{2,t-1} \end{bmatrix} + \begin{bmatrix} \varepsilon_{1t} \\ \varepsilon_{2t} \end{bmatrix}$$
$$= \begin{bmatrix} c_1 + \Phi_{11} R_{1,t-1} + \Phi_{12} R_{12} R_{2,t-1} + \varepsilon_{1t} \\ c_2 + \Phi_{21} R_{1,t-1} + \Phi_{22} R_{22} R_{2,t-1} + \varepsilon_{2t} \end{bmatrix}$$

显然，VAR 模型将单变量自回归模型（即 AR 模型）推广到了多变量组成"向量"的自回归模型，可以用来刻画随机扰动对多变量均值系统冲击的存在性、冲击的大小、方向及持续的时间等。VAR 模型被认为是处理多个相关经济指标的分析与预测最容易操作的模型之一，并且在一定的条件下，多元 MA 和 ARMA 模型也可转化成 VAR 模型[2]，自 1980 年克里斯托弗·西

---

[1] 向量自回归模型（VAR）是英文"Vector Autoregression model"的缩写，风险价值（VAR）是"Value at Risk"的缩写。

[2] 高铁梅：《计量经济分析方法与建模（第二版）》，清华大学出版社，2012年，第 267 页。

姆斯将其引入经济学领域以来，已成为模拟和预测金融资产收益率之间关系的主流方法之一。

由于 VAR 模型是一种非理论性结果模型，也就无需对变量作任何先验性约束，因此，在分析 VAR 模型时往往不分析一个变量的变化对另一个变量的影响如何，而是分析当变量方式扰动时，或者说模型受到某种冲击时对系统的动态影响与交互作用。这种方法被称为脉冲响应（Impulse Response）函数分析法。这种冲击的大小一般是指随机扰动项一个标准差单位的冲击或信息，所以，VAR 模型主要是分析变量波动关系的一种方法。

7.2.2 VAR 模型估计及其经济解释

设 Shibor 收益率 $\{R_4\}$ 与企债 30 收益率 $\{R_2\}$ 之间的滞后 k 阶的 VAR 模型为：

$$
\begin{cases}
R_{2t} = C_2 + \alpha_{11} R_{2(t-1)} + \cdots + \alpha_{1k} R_{2(t-k)} + \beta_{11} R_{4(t-1)} + \\
\qquad \cdots + \beta_{1k} R_{4(t-k)} + \varepsilon_{2t} \\
R_{4t} = C_4 + \alpha_{21} R_{4(t-1)} + \cdots + \alpha_{2k} R_{4(t-k)} + \beta_{21} R_{2(t-1)} + \\
\qquad \cdots + \beta_{2k} R_{2(t-k)} + \varepsilon_{4t}
\end{cases}
$$

对该 VAR 模型的计量过程主要包括：在进行稳定性和滞后阶数识别的基础上进行格兰杰因果检验、脉冲响应函数分析和预测方差分解等工作。

首先，判断时间序列的稳定性。依次对 Shibor 收益率时间序列 $\{R_4\}$ 进行含解释项、含截距和解释项、不含截距和解释项三种情况下的单位根（ADF）平稳性检验。检验统计量值分别为 $-12.720\,36$、$-13.929\,11$ 和 $-12.708\,45$，伴随概率均近似为 0，均拒绝 $\{R_4\}$ 含单位根的原假设，即 $\{R_4\}$ 具有稳定性。第 4 章已经证明企债 30 收益率系列 $\{R_3\}$ 也具有稳定性。由此证明，利率序列 $\{R_4\}$ 和企债 30 收益率系列 $\{R_2\}$ 具有稳定性，满足时间序列短期均衡关系分析的条件，适合进行格兰杰检验与 VAR 模型计量分析。

其次，识别 VAR 模型最大滞后阶数。在 VAR 模型中，最大滞后阶数太小，可能无法消除残差的自相关影响参数估计结果的一致性。但滞后阶数过大又会引致待估参数多，影响参数估计结果的有效性。考虑金融时间序列随机误差项很难满足服从正态分布的特点，采用信息准则法识别最优滞后阶数。计算结果证明信息准则 FPE、AIC 和 HQ 在滞后 5 阶时最小，信息准则 SC 在滞后 3 阶时最小。依据少数服从多数的原则，选择滞后 5 阶为最优滞后阶数。

第三，对估计结果的平稳性检验。不同于结构方程回归模型，在 VAR 模型中，单个系数是否显著无需重点关注，整个系统要具有平稳性和显著性是考察的重点。对滞后 5 阶的的 VAR（5）进行平稳性检验，结果显示 Shibor 收益率〔R_4〕与企债 30 收益率〔R_2〕各自滞后 5 阶的特征根均小于 1，在单位元之内（见图 7-8 上图），证明 VAR（5）属于平稳系统，满足做脉冲响应函数分析的条件。

第四，脉冲响应函数和预测方差分解。脉冲响应函数可以衡量当期一个标准差的 Shibor 收益率冲击对企债 30 收益率当前值和未来值影响的大小和变动路径。以〔R_2〕作为产生新息影响方程的因变量，以〔R_4〕为响应变量，做脉冲响应函数（见图 7-8 下图）。结果表明，企债 30 收益率〔R_2〕对 Shibor 收益率〔R_2〕一个标准差新息的反应在一开始为 0，在第 6 期负向冲击达到最大，随后趋于 0，影响消失，脉冲响应的时间很短，持续力不强。

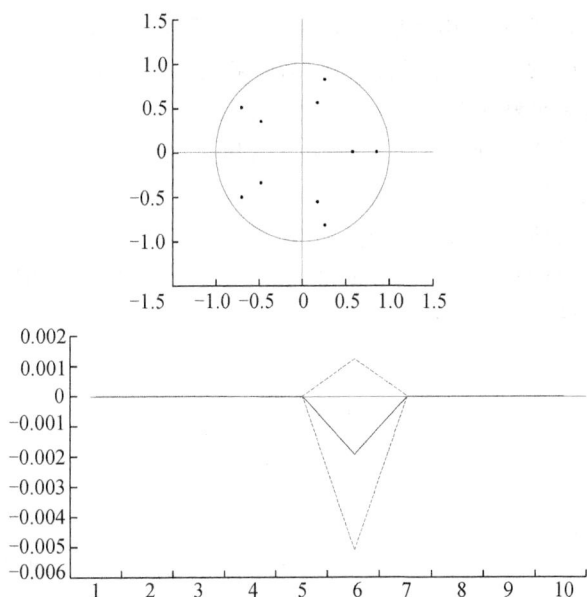

图 7-8　var（5）稳定性（上图）及脉冲响应（下图）

进一步做〔R_2〕的预测方差分解。方差分解（variance decomposition）可以将变量〔R_2〕的方差分解到〔R_4〕和〔R_2〕的扰动项上，评价〔R_4〕和〔R_2〕对〔R_2〕信息冲击的贡献度，确定不同冲击的重要性。从图 7-9 可知，企债 30 收益率预测误差的主要原因主要来自其本身〔R_2〕信息的冲击，占比超 99％，而来自 Shibor 收益率〔R_4〕信息的冲击不到 1％，和上述脉冲效应分析结果基本一致。

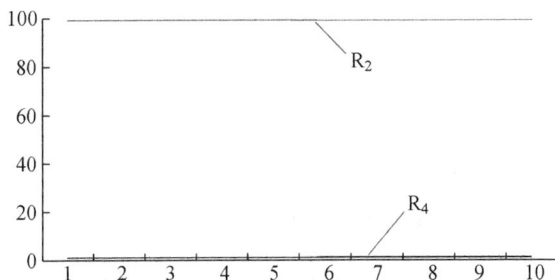

图 7-9　VAR（5）型中的方差模分解图

总之，尽管 Shibor 收益率〈R_4〉与企债 30 收益率〈R_2〉之间滞后 5 阶的向量自回归模型具有平稳性，但是，脉冲响应函数和预测方差分解都显示 Shibor 收益率〈R_4〉信息对企债 30 收益率〈R_2〉变动（即方差）的影响具有短暂性和非显著性。

第五，Granger 因果检验。根据本文研究目的在于识别有关变量对交易所企债收益率的影响，给出 granger 因果检验的具体定义：如果随机变量的滞〈R_4〉后值对变量〈R_2〉的预测结果存在显著影响，则称〈R_2〉是〈R_4〉的格兰杰原因，属于动态分析的范畴①。

在上述 VAR 模型中，针对企债 30 收益率方程：

$$R_{2t} = C_2 + \sum_{i=1}^{k} \alpha_i R_{2(t-i)} + \sum_{i=1}^{k} \beta_i R_{r(t-i)} + \varepsilon_{2t}$$

提出原假设：$H_0: \beta_1 = \beta_2 = \cdots = \beta_k = 0$，根据表 7-1 可知，在滞后期为 1、2、3、4、5 的情况下，卡方统计量的伴随概率均大于 5%。证明在 5% 的显著性水平下，接受 $H_0: \beta_1 = \beta_2 = \cdots = \beta_k = 0$ 的原假设。证明由〈R_4〉和〈R_2〉滞后值所决定的〈R_2〉的条件分布与仅由〈R_2〉滞后值所决定的条件分布相同，也即 $R_{4(t-1)} f\left(\dfrac{R_{2t}}{R_{2(t-1)}}, \cdots, R_{4(t-1)}, \cdots\right) = f\left(\dfrac{R_{2t}}{R_{2(t-1)}}\right)$ 对〈R_{2t}〉不存在格兰杰因果关系，Shibor 收益率〈R_4〉的滞后变量引入对方变量方程中，并不能提高企债 30 收益率〈R_2〉方程的解释和预测程度。

---

① 注：同相关关系不同，相关系数反映的是随机变量同期偏离均值的程度的趋势关系。另格兰杰因果关系也不是生活或哲学范畴的因果关系，是指时间上的因果关系，用于计量时间序列之间的"领先"与"滞后"关系。A 变量领先 B 变量，即为 A 是 B 的 Granger Cause。

表 7-1 不同滞后阶 VAR-Granger 检验结果

滞后期	原假设	卡方统计量	P 值	结论
1	R_4 不是 R_2 的格兰杰原因	7.652 23	0.005 7	接受原假设
2	R_4 不是 R_2 的格兰杰原因	4.902 14	0.026 8	接受原假设
3	R_4 不是 R_2 的格兰杰原因	1.512 41	0.218 6	接受原假设
4	R_4 不是 R_2 的格兰杰原因	0.206 23	0.649 7	接受原假设
5	R_4 不是 R_2 的格兰杰原因	1.483 07	0.223 3	接受原假设

注：VAR 格兰杰检验方法上不同于双变量（Pairwise Granger）格兰杰检验。

7.3 Shibor 收益率对企债 30 收益率广义异方差的影响

7.3.1 将 Shibor 及其收益率引入均值方程的计量结果

方法一：将 Shibor 引入企债收益率 R_2 的均值方程，构造 ARMA（I_t）-GARCH 模型族。根据企业债定价理论，债券现值等于未来本金与利息现金流的现值。Shibor 作为金融市场基准利率，其波动必然会影响贴现率，进而影响债券现值。在理论层面，债券现值是决定企业债市场价格水平的关键参考因素。基于 Shibor 和企债价格水平的理论关系，通过建立包含利率变量的企债 30 收益率的均值方程，建立 Shibor-ARMA-GARCH 模型，判断 Shibor 对企债 30 收益率均值与广义异方差的影响。

记 Shibor 为 I_t，将 I_t 引入 R_2 的均值方程，构造 Shibor-ARMA-GARCH 模型：

$$\begin{cases} R_2 = C(1) + C(2) * I + C(3)AR(1) + C(4)MA(1) + \varepsilon \\ \sigma^2 = C(5) + C(6) * \varepsilon_{(-1)}^2 + C(7) * \sigma_{(-1)}^2 \end{cases}$$

在广义增广矩阵分布（GED）条件下，利用 BHHH 迭代法，对 2009—2019 年样本期间的 Shibor（I）和企债 30 收益率进行计量。

其中，均值估计结果为：

$$R_2 = -0.007\,9 + 0.006\,3 * I + 0.922\,1 * AR(1) - 0.845\,0 * MA(1)$$

$$z = (-0.956\,1)\,(2.952\,5)\quad(58.957\,6)\qquad(-38.464\,2)$$

$$p = (0.339\,0)\quad(0.003\,2)\quad(0.000\,0)\qquad(0.000\,0)$$

考虑到常数项的 p 值为 0.339 0，大于显著性水平 0.05，故认为为 0，去掉常数项。则取舍后的均值估计结果为：

$$R_2 = 0.004\,4 * I + 0.919\,4 * AR(1) - 0.842\,5 * MA(1)$$

$$z = (9.898\,4)\qquad(57.831\,6)\qquad(-37.734\,4)$$

$$p = (0.000\,0)\qquad(0.000\,0)\qquad(0.000\,0)$$

条件异方差方程为：

$$\sigma^2 = 0.000\,1 + 0.122\,9 * \varepsilon_{(-1)}^2 + 0.873\,0 * \sigma_{(-1)}^2$$

$$z = (3.901\,2)\,(7.670\,4)\quad(60.285\,8)$$

$$p = (0.000\,1)\,(0.000\,0)\quad(0.000\,0)$$

ARMA-GARCH 模型 AR 的根为 1.087 0，MA 的根为 1.190 5，均大于 1，方程整体具有稳定性。在均值方程中，I_t 的统计检验值（z）为 9.898 4，伴随概率远小于 0.05，证明在 5% 的水平下，Shibor 的系数具有显著性，拒绝 I_t 系数为 0 的原假设。同理，将 I_t 引入 R_2，建立 Shibor-ARMA-TGARCH、Shibor-ARMA-EGARCH 和 Shibor-ARMA-GARCH-M，样本数据均证明 Shibor 的系数项具有显著性，即其对企债 30 收益率均值与波动存在显著影响。

方法二：尝试将 Shibor 收益率（R_4）直接引入 R_2 的均值方程，建立 ARMA（R_4）-GARCH 模型族。同样根据企业债现值同基准利率 Shibor 的关系，建立如下企业债收益率均值和条件异方差方程组：

$$\begin{cases} R_2 = C(1) + C(2) * R_4 + C(3)AR(1) + C(4)MA(1) + \varepsilon \\ \sigma^2 = C(5) + C(6) * \varepsilon_{(-1)}^2 + C(7) * \sigma_{(-1)}^2 \end{cases}$$

不同于将 Shibor（I_t）直接引入 ARMA（R_4）-GARCH 模型后，模型无法通过统计检验的情形。使用 EViews 8.0 对 ARMA（R_4）-GARCH 进行估计根据伴随概率、AR 的根和 MA 的根等统计检验值，可以判定 ARMA（R_4）-GARCH 模型各系数和整体稳定性都获得了优良结果（见表7-2）。

但是，将其和不包含 R_4 前的方程进行比较，发现前后并无明显变化。在均值方程中，两种方案中 AR（1）和 MA（1）系数之比值（α_1/α_2）分别为 0.997 6%、1.013 3%，而 R_4 的系数也仅为 AR（1）和 MA（1）系数的 -2.87%、3.06%。在条件异方差方程中，$\varepsilon_{(-1)}^2$ 和 $\sigma_{(-1)}^2$ 项的系数值相差为 0.1% 左右。由此可见，R_4 对 R_2 计量估计的有良性，和对均值和条件异方差无实质性影响，特别是对条件异方差的影响微弱，证明 Shibor 收益率（R_4）对企债 30 收益率的影响可能并不突出。

表 7-2 含 R_4 与不含 R_4 之 ARMA-GARCH 模型估计结果比较

	含 R_4		不含 R_4		
	系数 α_1	伴随概率 P	系数 α_2	伴随概率 P	α_1/α_2
C	0.015 19	0.000 0	0.016 4	0.000 0	92.622 0
R_4	-0.026 1	0.000 0	—	—	—
AR(1)	0.913 7	0.000 0	0.919 5	0.000 0	99.760 7
MA(1)	-0.853 0	0.000 0	-0.841 8	0.000 0	101.330 5
C	0.000 1	0.000 1	0.000 1	0.000 1	100
RESID(-1)^2	0.125 6	0.000 0	0.124 0	0.000 0	101.290 3
GARCH(-1)	0.872 6	0.000 0	0.871 5	0.000 0	100.126 2
AIC	-2.459 7		-2.445 3		
SC	-2.442 1		-2.429 8		
AR 的根	1.098 9		1.087 0		
MA 的根	1.176 5		1.190 5		

7.3.2 将 Shibor 及其收益率引入条件异方差的计量结果

本书旨在探讨 Shibor 同企债收益率的关系，为了得到二者更直接的关系，尝试将 Shibor 收益率 R_4 直接引入条件异方差方程，建立关于企债 30 收益率的 ARMA（R_4）-GARCH 模型：

$$\begin{cases} R_2 = C(1) + C(2) * AR(1) + C(3)MA(1) + \varepsilon \\ \sigma^2 = C(4) + C(65) * \varepsilon_{(01)}^2 + C(6) * \sigma_{(-1)}^2 + C(7) * R_4 \end{cases}$$

直接分析 R_4 对条件异方差 $\sigma^2_{(-1)}$ 的影响，样本数据 BHHH 法进行迭代计算，均值方程计量结果为：

$R_2 = 0.016\ 29 + 0.918\ 5 * AR(1) - 0.840\ 1 * MA(1)$

$z = (9.413\ 1)\ (57.067\ 2) \qquad\qquad (-37.176\ 2)$

$p = (0.000\ 0)\ (0.000\ 0) \qquad\qquad (0.000\ 0)$

方程中各系数检验统计量伴随概率均约为 0，证明方程系数显著不为 0。

条件异方差估计结果为：

$\sigma^2 = 0.001 + 0.124\ 0 * \varepsilon^2_{(-1)} + 0.871\ 2 * \sigma^2_{(-1)} - 0.000\ 025 * R(4)$

$z(3.915\ 0)\ (7.670\ 0) \qquad (59.000\ 1) \qquad (0.318\ 8)$

$P(0.000\ 1)\ (0.000\ 0) \qquad (0.000\ 0) \qquad (0.749\ 8)$

方程估计结果 AR 单位根为 1.087 0，MA 单位根为 1.190 5，均大于 1，证明方程具有稳定性，R_4 统计检验量的伴随概率远小于 5%。证明在 5% 的显著水平下，R_4 项数显著性较强，即 R_4 对 σ^2 存在相关影响。尝试建立 ARMA（R_4）-GARCH 的溢酬模型和杠杆模型，同样无法保证系数显著不为 0。

7.4　Copula 函数的建立

随着金融市场之间的相互依赖、相互影响与日俱增，不同市场之间甚至是同一市场内不同资产之间，往往存在着或强或弱的相互影响以及波动的相关关系。Copula 函数理论是用于描述每个随机变量相关结构的函数模型，最初由 Sklar 于 1959 年提出，由 Copula 函数及其导出的一致相关测度可以很好地刻画变量间的非线性、非对称性的关系和分布尾部的相关关系。椭球类 Copula 函数和阿基米德 Copula 函数是常用的 Copula 函数。椭球类 Copula 函数主要包括正态 Copula 函数和 t-Copula 函数。其中，正态 Copula 函数具有显著对称性的性质，但是难以捕捉尾部相关性，而 t-Copula 函数适合描绘较厚尾部对称的相关性，对于风险的敏感性较强。现将通过已得数据选择合适的 Copula 函数进行连接。

由频率直方图（见图 7-10）具有尾部对称性，即 Shibor 收益率和企债 30 收益率两个变量之间的联合密度函数具有对称的尾部，因此，可以选用二元正态 Copula 函数或者 t-Copula 函数来描述两个变量之间的相关结构。

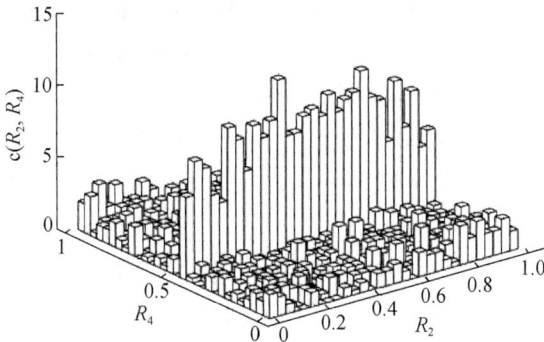

图 7-10 R_2 和 R_4 的二元频率直方图

接下来，根据平方欧式距离对两种 Copula 函数进行拟合，结果如表 7-1 所示：

表 7-1 两种 Copula 函数的平方欧式距离对比

函数	正态 Copula 函数	t-Copula 函数
平方欧氏距离	0.055 5	0.043 2

由表 7-1 可知，t-Copula 函数的平方欧氏距离小于正态 Copula 函数的平方欧式距离，即 t-Copula 函数的表现效果最好。

接下来，对二元 t-Copula 函数的参数和相关系数进行估计，得出线性相关参数 ρ 和自由度 k 的估计值见表 7-2。

表 7-2 二元 t-Copula 函数的参数和相关系数

rho_t	k	Kendall_t	Spearman_t
0.979 4	13.438 6	0.991 6	0.981 5

Kendall 秩相关系数和 Spearman 秩相关系数均大于 0.9，说

明 Shibor 收益率和企债 30 收益率之间的正向相关性很强。

7.5 本章小结

金融资产收益率之间的关系是决定资金跨产品和跨市场流动性的重要因素。基于企债定价理论和弗里德曼、帕廷金的货币政策传导理论的考虑，本部分以 Shibor 为解释变量估计货币市场基准利率对企债指数收益率波动的影响。

首先，描述统计分析的结果表明一年期 Shibor 和 Shibor 波动率与企债 30 收益率之间并无确定关系，存在一对多和多对一的复杂情形。

其次，一年期 Shibor 波动率是企债 30 指数收益率的 VAR 格兰杰因果关系，二者之间 5 阶向量自回归模型（VAR（5））也是一个稳定的系统，但是，从向量自回归模型（VAR）结果脉冲响应函数和预测方差分解来看，一年期 Shibor 新息对企债 30 指数收益率的影响具有非持久性和显著性的特征。

最后，基于债券定价理论的判断，将一年期 Shibor 波动率引入企债 30 指数收益率均值方程，发现引入 Shibor 前后 GARCH 模型参数估计结果的变化不足 0.1%，可能并无实质性影响。基于直接观察 Shibor 波动率和企债 30 波动率的的需要，将 Shibor 波动率引入企债 30 指数条件方程方程，统计检验方程具有稳定性。为了进一步检验 Shibor 波动率和企债 30 波动率之间的关系，本章建立了 Copula 函数，结果表明 Shibor 波动率和企债 30 波动率之间具有显著的正相关关系。

总之，描述统计静态分析和计量经济学动态分析都无法证明企债 30 收益率波动和 Shibor 或其波动率之间存在某种显著统计关系，但是从 Copula 函数看，两者之间的关系较显著。这一结论与中国交易所企业债市场市场化不足和市场发展程度较低有着密切的关系。这一结论一方面反映了当前交易所市场企业债价格发现功能不足，导致货币政策传导和资源配置效率有待提升，也印证了上文企债收益波动主要由长记忆性决定，市场随机新息冲击相对较弱的结论，另一方面也印证了市场之间及市场要素之间的复杂性在一定程度上影响了两者之间错综复杂的关系。

此外，受到疫情影响，全球经济出现剧烈波动。在此期间，美联储连续降息，美国进入 0 利率时代，很多发达国家都处于低利率甚至负利率时代。负利率政策下，短期债券收益率会出现下行趋势，而长期利好债券市场。利率是影响债券价格的核心因素，实施负利率政策后，市场主体避险情绪强烈，倾向投资避险资产，从而导致短期收益率下降。这与 20 个世纪 80 年代美股出现长期的熊市相符。但从长期看来，降低政策利率，贴现率也会降低，进而根据托宾 q 效应刺激投资。因此，负利率政策导致的通缩预期和宽松的流动性会推动债券市场的发展。这也证明影响债券价格的因素众多，企债 30 收益率波动和 Shibor 或其波动率之间的关系也具有复杂性和不确定性。

8 结论与对策建议

8.1 主要研究结论

首先，提出债券种类繁多，市场表现复杂多样，需要分类分市场进行研究。金融资产收益率波动研究是金融风险计量和资产定价建模的基础。金融资产收益率时间序列通常并非白噪声过程，其方差具有时变特点，需建立非线性函数研究。但因收益率波动不易直接观察，对方差计量研究的起步远晚于对均值的研究。直到 20 世纪 70 年代末，金融时间序列方差的研究才逐渐成为金融领域研究的热点。国外学界对股票、外汇、债券和黄金等资产收益率的波动进行了广泛研究，但以企业债收益率为对象的研究相对不足。国内关于金融资产波动的研究存在"四多四少"现象：股票市场波动的研究多于债券市场的研究；国债市场波动的研究多于企债市场的研究；银行间债券市场波动的研究多于交易所债券市场波动的研究；不同类型债券整体波动的研究多于债券产品分类波动的研究。这一情形无法满足理论研究和指导实践工作的需要。利率债、股权连接债与企业债波动的决定因素不同，对三类债券区别研究具有重要意义。交易所（场内市场）和银行间市场（场外市场）企业债交易机制也不同，根据金融市场微观结构理论，对二者分别进行独立研究也具有理论与现实意义。交易所企业债发行与交易规模占金融市场狭义企业债与公司债总体比例，以及占交易所全部债权的比例，建设多层次资本市场的需要，这些也提出了单独研究交易所企业债的必要性与可能性。

其次，以交易所企债收益波动率为独立研究对象，以金融时间序列理论和方法为基础，以上证企债指数和上证企债30指数连续复利日收益率为样本，引入指数交易额、活跃度、股指溢出效应、Shibor等因素为解释变量，主要利用一元和多元广义条件异方差方法，辅之以描述统计和结构方程等方法，综合开展动态分析与静态分析，得出如下主要结论：

第一，梳理归纳了波动率研究的三个阶段，对波动率研究的主流方法进行了系统比较，重点研究了GARCH和MGARH模型族的特点、适应条件、计算方法，尤其是对模型参数的经济解释进行了较深入的探究，力求突破时间序列研究方法的局限，为后续研究模型选择、计量和解释奠定基础。在此基础上，基于研究目的和样本特点的考虑，借鉴微观市场结构理论、金融市场价溢出理论、金融资产定价理论和货币政策传导理论等，构建了基于市场层面解释交易所企债波动的研究框架，建立了包含交易额、基准利率的GARCH模型族，剖析了利用交易额、活跃度、波动溢出效应、基准利率解释交易所企业债指数收益率波动的合理性及基础理论，确定了研究的思路与内容。

第二，对交易所指数收益率的特点进行了描述统计和计量分析，证明该时间序列具有尖峰厚尾、波动丛聚特点，存在自相关性和正反馈效应，并非白噪声过程。通过对估计模型中残差项系数与条件方差系数的比较，得出异方差过程存在正反馈条件，波动对初始值敏感，而对市场随机因素不够灵敏，条件方差对波动的冲击要经过长时间才会消失，波动率具有长记忆性和混沌特征。企债收益率波动存在杠杆效应，利空和利好消息冲击对波动存在不对称现象，但是，波动并不存在风险溢酬效应。围绕波动特点的解释，提出了决策前风险厌恶型投资者，向投后风险中性投资者转化的观点。受债券市场流动性不足、风险事件罕有发生、被动资产配置和企业债市场信息获取成本较高等原因影响，债券投资者往往属于事实上的风险中性投资者，对市场风险的关注度和预期参与都十分有限。

第二，基于微观金融市场结构理论的考虑，以市场交易额和交易活跃度为解释变量，研究其对交易所企债收益率波动的影响。结果证明 2009—2019 年期间，企债指数样本成交额对企债收益率波动并无动态或静态影响。然后，通过两个阶段和不同指数间收益率波动的比较分析，发现 2011 年之后企债指数收益率波动记忆性更强，市场信息的冲击反而趋弱，并且产生了杠杆效应。而同期企债 30 收益波动率并无杠杆效应，波动的长记忆性也相对较小，市场新息对下期波动率的冲击实现了较大提升。

通过比较证明了交易额波动率和活跃度对企债收益波动率具有重要意义。交易额波动率和活跃度的改善有助于降低企债收益率波动的长记忆性，增强对市场随机新息的反应强度，也有助于消除杠杠效应，但是，对风险溢酬没有产生影响。围绕这些问题的解释，提出受交易不活跃和市场化程度不高等原因，当前交易额尚未能"提供关于过去价格运行质量和精确度信息"，也未能达到承载"潜在的不可观测的信息流"的作用，因此，对波动没有产生影响。还提出在债市长期牛市期间，没有活跃的交易配合，债券投资者的市场行为将发生一定改变，利好的边际效用将趋于下降，逐渐小于利空的效应，会导致波动的杠杆效应。

第三，基于金融市场波动溢出理论的考虑，研究了股指波动率和企债 30 指数波动率之间的关系。结论一：和交易所企业债比较，股票市场定价效率相对较高。2009—2019 年样本期间股指收益率不存在自回归现象，具有风险溢酬效应，表明股票市场定价效率相对较高。但是，股票市场风险溢酬效应并非直接的方差—收益关系，而是方差对数—收益关系，较为复杂。结论二：二元 BEKK 模型证明股指波动率和企债 30 指数收益波动率之间存在一定溢出关系，但既不稳定，也相对较弱，多数时间是围绕零值附近上下频繁波动。参数估值结果还表明，联合冲击对协方差的敏感度远大于新息的冲击，股债溢出关系也存在聚类特性，波动溢出的持续性较强。此外，波动溢出存在较大的杠杆效应。描述统计还证明，无论是交易额还是市场指数价格，股债之间的跷跷板效应并不确定，具有时变特点。

第四，基于企债定价理论和货币政策传导理论的考虑，以Shibor 为解释变量估计了货币市场基准利率对企债收益率波动的影响。描述统计分析的结果表明，Shibor 及其波动率与企债 30收益率之间并无确定关系。向量自回归模型和包含 Shibor 的广义条件异方差模型都具有统计意义上的显著性，但是，从具体参数估计值的大小来看，Shibor 波动率与企债 30 收益波动率的影响也可以忽略不计，但 Copula 模型的结果表明，Shibor 波动率和企债 30 波动率之间具有显著的正相关关系，但除非 Shibor 波动率发生巨大变化，否则没有实际意义。脉冲响应函数和预测方差分解的结果也支持了这一结论。

第五，总体来看，各部分的结论存在互相印证关系。交易额波动率和活跃度对企债收益率波动具有一定影响，但是，近年来，交易所企债市场交易额波动趋于减弱，二级市场交易活跃度也无明显改善，因此，二者对企债收益波动率的影响不够突出。股指波动溢出效应和 Shibor 波动对企债收益波动率的影响系数十分微小，即使发生变化，也很难对交易所企债收益波动率产生实质性影响。由此可见，长记忆性能够主导交易所企业债收益波动率的统计解释是，微观市场结构层面变量的影响系数较大，但是，变量本身变动微弱，难以发挥作用。市场间溢出和货币政策层面的变量变动较大，但是，这些变量和交易所企债收益波动率之间又不存在理论上的紧密关系。之所以造成这一结果，一方面有债券市场本质共性特点的原因，另一方面也有中国交易所企业债市场市场化不足和市场发展程度较低的原因。

8.2 研究结论的应用

第一，本研究利用描述统计指标法和金融时间序列计量法估计指标揭示了交易所企债指数收益率波动的特点和具体程度，并做出了解释。尽管研究成果是针对市场层面的指数而言，但是，对于固定收益债券投资者和证券组合投资者有效管理投资风险及衍生产品合理定价具有一定参考价值。从应用的方向来看，研究结论证明交易所企业债收益率时间序列并非无规律可寻的随机游走过程，有效市场假设并不成立。因此在进行企业债定价和投资组合研究的工作中，不能以市场有效条件下的同方差作为默认的前提条件，需要考虑方差的时变特点。交易所企业债收益率波动具有长记忆性，市场随机性冲击对波动产生的影响较弱，投资者应适度关注，不宜过多恐慌，造成非理性市场集体看空。从具体应用技术方面来看，可将 GARCH 模型估计结果用于风险价值模型（VAR）进行风险计量和管理。或者将其用于调整估值模型中的无风险贴现因子的参考，也可用于资本资产定价模型的动态风险—收益的研判。

第二，对交易所企债市场的发展完善具有一定指导意义。本研究证明：当前交易所企债波动率主要由前期波动率水平的滞后影响确定，因此它很难受到以获得"超预期收益"投机交易类资金的青睐，缺乏对交易型投资者的吸引力，影响了交易所"场内市场"特色的发挥。为了增强交易所企债对投资者的吸引力，证监会和交易所需重新评价现行"多层次债券市场"的实际效用。如果仅仅是名义上的多层次，不是区别于银行间市场的特色高效的"多层次"债券市场，为了避免社会资源浪费，应积极推荐市场统一。

在具体市场发展定位方面，未来交易所企业债市场发展面临重新定位的选择。方案一，发挥交易所的特色，积极建设有效企业债二级市场，增强对交易型投资者的吸引力。交易所主办单位应完善交易机制，增强企债交易市场对信息的灵敏度，增大市场波动，有利于逆转主流预期效应的产生，增加获得超额利润的机会，提升对风险偏好型投资者的吸引力。方案二，保持市场风格不变，继续维持市场的长记忆性特点，增强对债券持有型投资者的吸引力。为此，证监会和市场主办方应积极推动有关部门大力发展保险、年金、基金等以追求稳健投资回报的持有型投资者，以持有企债到期投资为主。否则，短期内交易所企债市场"有价无量"的困境还是无法解决，交易所企债市场也就不具有区别于银行间市场的特点。

第三，交易所企债指数收益率不存在"风险溢酬"效应。由于波动主要由前期波动的滞后影响决定，交易所缺乏灵敏的定价机制，无法对信息与风险做出快速反映，企债投资者面临"高风险未必高回报"的考验，因此，择时对交易所债券投资同样具有重要意义。交易所企债投资不同于股票投资，博风险属于非理性的行为。投资投资者应选择波动较低阶段进行投资，力求规避波动剧烈的阶段，进行理性投资。

第四，股指波动和基准利率波动对判断交易所企债短期风险的参考价值有待商榷。股指波动和基准利率对交易所企债收益率波动仅存在统计技术意义上的影响，但是，从描述统计和参数估计值大小来看，目前这一影响并无实际意义，但是从 Copula 模型的结果来看，Shibor 与企债收益率波动有明显的正相关关系。尽管在狭义企债和中票一级发行市场，票面利率曾参照"一年期 Shibor 均值＋基差＋期限利差＋信用利差＋流动性利差"决定，但在二级市场上，一年期 Shibor 对波动率与收益期望值的影响却非常微弱。这和我国企业债持有者结构有密切关系，也和货币政策具有不规则性，预测政策变动时点和幅度具有较大难度存在一定关系。

第五，提升交易所企业债货币政策的传导性，还需完善市场微观结构。根据帕金庭的货币需求理论，名义货币供给的增长将对债券市场产生"实际余额效应"。超额需求导致债券需求曲线偏离原来的均衡位置，推动债券的价格上涨。债券价格上涨又意味着利率下跌，而利率下跌又拉开市场利率与自然利率的差距，刺激投资需求的增加。"实际余额"对商品市场的影响必然会波及债券市场（见图 8-1）。包括企债在内的债券是货币政策传导的重要条件，但这一效果的存在是以债券市场波动对利率具有一定敏感性为前提的。当前，为了提升交易所企债对市场的敏感度，还需进一步完善企债交易市场的微观结构，实现企债交易技术、规则、信息、市场参与者和金融工具快速发展。

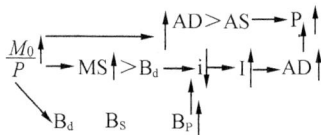

$$\frac{M_0}{P} \rightarrow MS\uparrow > B_d \rightarrow i\downarrow \rightarrow I\uparrow \rightarrow AD\uparrow \rightarrow AD > AS \rightarrow P\uparrow\uparrow$$

$$B_d \quad B_s \quad B_P\uparrow$$

注：图中 B_d、B_s 分别代表债券的需求与债券的供给。

图 8-1　债券价格波动与货币市场、实体经济的关系

8.3　研究局限与展望

第一，对交易所企债波动率的理论解释还需继续深入研究。传统的经济学计量模型为结构式模型的特点是试图用其他解释变量的当前值或过去值的变动来解释因变量的变化的模型，而时间序列模型却是缺乏理论基础的，它的建立与使用不是建立在关于变量的行为模式的任何理论模型基础之上，而是从观测到的数据中实证地获得其特征模型。尽管本研究基于金融市场微观结构、金融市场间溢出和债券定价三方面理论研究的研究，引入交易额、市场间协方差和 Shibor 等变量，对交易所企业债指数收益率波动进行了解释，但受制于关于企业债波动相关理论研究成果不够丰富深刻的影响，对计量估计结果的经济学理论解释还相对简单，需要继续深化相关领域的经济学理论解释。基差、期限利差、信用利差、流动性利差都是影响企业债价格波动的因素，而这些因素的变化又受到基本面、资金面、政策面和技术面的共同作用，并已形成了丰富的理论研究成果，未来可以将相关理论用于指导债券收益率时间序列波动问题研究。

第二，研究交易所企业债收益率波动面临两方面的突出困难：一是方差不同于均值，方差具有抽象和复杂的特点，不易直接观察，也不易解释。二是不同于股票市场，中国企业债市场具有交易种类多、多头监管、交易机制多元化、媒体关注度不高和统计口径缺乏标准等特点，因此，企业债信息获取存在准确度低、及时性差和成本较高的挑战。时间序列研究法直接通过识别数据发现规律，这一特点也决定了该方法研究方差时变性的优势。但是，时间序列仅仅是从统计技术上解决了方差"不易直接观察"的挑战，而如何实现计量结果"理论联系实际"的挑战并未解决。虽然本研究做了一定工作，但并不全面和深刻。未来应围绕实现"理论"和"实际"有机结合，探究市场机制对股指结果的解释能力继续开展深入研究。

第三，在本研究模型的基础上，研究方法尚存拓展空间。

首先，可以在本书的 GARCH 和 MGARCH 系列模型中加入哑变量，尝试识别是否存在周末效应或节日效应。本书的研究也为此提供了基础模型，可以做进一步拓展。

其次，本书以交易所企债和股指指数为研究对象，从市场层面研究了交易所企业债收益率波动的特点，及从企债市场微观结构、股指溢出和货币市场基准利率三个市场层面的因素进行经济学解释。本书研究结论相对抽象与宏观。随着超日债、中富01、华锐01之类信用事件的发生，基于公司层面研究的必要性开始凸显。未来可以尝试以交易市场单只企债或某类特殊企债为样本，从公司微观层面研究交易所企业债波动特点，尝试解释违约风险、债券的利率风险、购买力风险、变现力风险和再投资风险等对交易所企业债的影响。

第四，在分阶段实证交易额对交易所企债收益率波动影响部分，本研究主要是基于企债30指数从2009年开始编制及2009年交易额总量较之前数年有了很大提高，凭经验选择2009年为样本数据分界点，部分章节根据数据波动特点选择2011年作为数据分界点。这种研究时段划分具有直接、具体的特点，但是，其科学性和普遍适应性还存在改进的空间。

参考文献

[1] Ait-Sahalia Y, P Mykland, L Zhang. How Often to Sample a Continuous-Time Process in the Presence of Market Microstructure Noise [J]. The Review of Financial Studies, 2005 (2): 255—421.

[2] Ajit S. Financial Liberalisation, Stock Markets and Economic Development [J]. The Economic Journal, 1997, 107 (442): 771—782.

[3] Altman E I. Measuring Corporate Bond Mortality and Performance [J], The Journal of Finance, 1989, 9: 909—922.

[4] Amihud Y and H Mendelson. Liquidity, Volatility, and Exchange A tomati on [J]. Journal of Accounting, Auditing, and Finance, 1988 (4): 369—395.

[5] Amihud Y and H Mendelson. Asset pricing and the bid-ask spread [J]. Journal of Financial Economics, 1986 (17): 223—249.

[6] Andersen T G, Bollerslev T. DM-Dollar Volatility: Intraday Activity Patterns, Macroeconomic Announcements, and Longer-Run Dependencies [J]. Journal of Finance, 1998 (53): 219—265.

[7] Andersson M, Krylova E, Vähämaa S. Why does the Correlation between Stock and Bond Returns Vary Over Time? [J]. Applied Financial Economics, 2008, 18 (2): 139—151.

[8] Banking and Finance, 2002 (1): 25—58.

[9]　Banz R W. The Relationship between Return and Market Value of Common Stocks [J]. Journal of Financial Economics, 1981 (9): 3－18.

[10]　Berndt E, Hall B, Hall R, Hausman J. Estimation and Inference in Nonlinear Structural Models [J]. Annals of Economic and Social Measurement, 1974 (4): 653 － 665.

[11]　Bessembinder H, Maxwell W, Venkataraman K. Market Transparency, Liquidity Externalities and Institutional Trading Costs in Corporate Bonds [J]. Journal of Financial Economics, 2006, 82 (2): 251－288.

[12]　Blume L, Easley D, O'Hara M. Market Statistics and Technical Analysis: the Role of Volume [J]. Journal of Finance, 1994, 49 (1): 153－181.

[13]　Bollerslev T, Chou R Y, Kroner K F. ARCH Modeling in Finance: A Review of the Theory and Empirical Evidence [J]. Journal of econometrics, 1992, 52 (1): 5－59.

[14]　Bollerslev T, et al. A capital asset pricing model with time varying covariances [J]. Journal of Political Economy, 1988, 96 (1): 116－131.

[15]　Bollerslev T, Mikkelsen H. Modeling and Pricing Long Memory in Stock market Volatility [J]. Journal of Econometrics, 1996 (73): 151－184.

[16]　Bollerslev T. Generalized Autoregressive Conditional Heteroskedasticity [J]. Journal of Econometrics, 1986 (31): 307－328.

[17]　Bollerslev, Tim. A Conditional Heteroskedastic Time Series Model for Speculative Prices and Rates of Return [J]. The Review of Economics and Statistics, 1987, 69 (3): 542－547.

[18] Bossaerts P. Common Nonstationary Components of Asset Prices [J]. Journal of Economic Dynamics and Control, 1988 (12): 347—364.

[19] Campbell J Y, and G B Taksler. Equity Volatility and Corporate Bond Yields [J]. Journal of Finance, 2003, 58 (6): 2321—2349.

[20] Campbell J Y, Taksler G B. Equity Volatility and Corporate Bond Yields [J]. National Bureau of Economic Research, 2002.

[21] Campbell J Y, Ammer J. What Moves the Stock and Bond Markets? A Variance Decomposition for Long-term Asset Returns [J]. Journal of Finance, 1993, 48 (3): 3—37.

[22] Campbell J Y, Lettau M, Malkiel B G, Xu, Y. X. Have Individual Stocks Become More Volatile? [J]. An Empirical Exploration of Idiosyncratic Risk. Journal of Finance, 2001, 56 (1): 1—43.

[23] Campbell John Y, Sanford J. Crossman and Jiang Wang. Trading Volume and Serial Correlationin Stock Returns [J]. Quarterly Journal of Economics, 1993, November: 905—939.

[24] Cappiello L, Engle R, Sheppard K. Asymmetric Dynamics in the Correlations of Global Equity and Bond Returns [J]. European Central Bank Working Paper Series, 2003.

[25] Cappiello L, Engle R, Sheppard K. Asymmetric Dynamics in the Correlations of Global Equity and Bond Returns [J]. Journal of Financial Econometrics, 2006, 4 (4): 537—572.

[26] Charles M Jones, Owen Lamont, Robin L Lumsdaine. Macroeconomic News and Bond Market Volatility [J]. Journal of Financial Economics, 1998 (47): 315—337.

[27] Christiansen C. Macroeconomic announcement Effects on the Covariance Structure of Government Bond returns [J]. Journal of Empirical Finance, 2000, 7.

[28] Clark P K. Á Subordinated Stochastic Process Model With Finite Variance for Speculative Prices [J]. Econometrica, 1973 (41): 135—156.

[29] Connolly R, Stivers C, Sun L. Stock Market Uncertainty and the Stock-bond Return Relation [J]. Journal of Financial and Quantitative Analysis, 2005, 40 (1): 161—194.

[30] Dong Wan Shin. Forecasting Realized Volatility: A Review [J]. Journal of the Korean Statistical Society, 2018 (47): 395—404.

[31] Duffee G R. The Relation Between Treasury Yields and Corporate Bond Yield Spreads [J]. The Journal of Finance, 2002, 53 (6): 2225—2241.

[32] Engle R F, D M Lilien and R P Robins. Estimating Time Varying Risk Premia in the Term Structure: The ARCH-M Model [J]. Econometrica, 1987, 55 (2): 391—407.

[33] Engle R F, Kroner K F. Multivariate Simultaneous Generalized ARCH [J]. Econometric Theory, 1995 (2): 122—150.

[34] Engle R F. Autoregressive Conditional Heteroscedasticity with Estimates of the Variance of United Kingdom Inflation [J]. Econometrics, 1982, 50 (4): 987—1007.

[35] Eom Y H, Helwege J, Huang J. Structural Models of Corporate Bond Pricing: An Empirical Analysis [J]. Review of Financial Studies, 2004, 17 (2): 499—544.

[36] Epps T W, Epps M L, The Stochastic Dependence of Security Price Changes and Transaction Volunes: Implication for the Mixture of Distribution Hypothesis

[J]. Econometrica, 1976 (44): 305—321.

[37]   Equity and Bond Returns [R]. European Central Bank Working Paper Series, 2003.

[38]   Fama E F, French K R. Multifactor Explanations of Asset Pricing Anomalies [J]. Journal of Finance, 1996, (56): 55—84.

[39]   Fama E F. Efficient Capital Markets: A Review of Theory and Empirical Work [J]. Journal of Finance, 1970: 383—417.

[40]   Fleming M, Remolona E, Price Formation and Liquidity in the U. S. Treasury Market: The Response to Public Information [J]. Journal of Finance, 1999 (54).

[41]   Fotios M Siokis. Credit Market Jitters in the Course of the Financial Crisis: A Permutation Entropy Approach in Measuring Informational Efficiency in Financial Assets [J]. Physica A: Statistical Mechanics and its Applications, 2018 (499).

[42]   Francesco Audrino, Fabio Trojani. A General Multivariate Threshold GARCH Model With Dynamic Conditional Correlations [J]. Journal of Business & Economic Statistics, 2011, 29 (1).

[43]   G Koutmos, G G Booth. Asymmetric Volatility Transmission in International Stock Markets [J]. Journal of international Money and Finance. 1995 (6): 746—762.

[44]   Goeija P, Marquering W, Macroeconomic Announcements and Asymmetric Volatility in Bond Returns [J]. Journal of Banking and Finance, 2006 (30).

[45]   Guglielmo Maria Caporale, Faek Menla Ali, Nicola Spagnolo. Exchange Rate Uncertainty and International Portfolio Flows: A Multivariate GARCH-in-mean

Approach ［J］. Journal of International Money and Finance，2015 （54）.

［46］ Hamao，Masulis，and Ng. Correlations in Price Changes and Volatility across International Stock Markets ［J］. Review of Financial Studies. 1990，3 （2）：281－307.

［47］ Harris L，Cross-security Tests of the Mixture of Distributuin Hypothesis ［J］. Journal of Financial and Quantitative Analysis，1986 （21）：39－46.

［48］ Harvey C R，Siddique A，Autoregressive Conditional Skewness ［J］. Journal of Finance and Quantitative Analysis，1999，34 （4）：465－487.

［49］ Harvey C R，Siddique A，Conditional Skew Ness in Asset Pricing Tests ［J］. Journal of Finance，2000，55 （3）：1263－1295.

［50］ Harvey C，and A Siddique. Time-Varying Conditional Skewness and the Market Risk Premium ［J］. Research in Banking and Finance，2000 （1）：27－60.

［51］ Hendrik Bessembinder and Paul J. Seguin，Price Volatility，Trading Volume，and MarketDepth：Evidence from Futures Markets ［J］. The Journal of Financial and Quantitative Analysis，1993，28 （1）：21－39.

［52］ Henry H Huang，Hung-Yi Huang，Jeffrey J Oxman. Stock Liquidity and Corporate Bond Yield Spreads：Theory and Evidence ［J］. Journal of Financial Research，2015，38 （1）.

［53］ Hiemstra C，J D Jones. Testing for Linesr and Nonlinear Granger Causality in the StockPrice-Volnme Relation ［J］. The Journal of Financial and Quantitative Analysis，1994，54 （5）：1639－1664.

［54］ Hsiang-Hsi Liu，Teng-Kun Wang，Weny Li. Dynamical Volatility and Correlation among US Stock and Treasury

Bond Cash and Futures Markets in Presence of Financial Crisis: A Copula Approach [J]. Research in International Business and Finance, 2019 (48).

[55] Huang J, L Lu, B Wu. Macro Factors and Volatility of Treasury Bond Returns. SSRN working paper, 2011.

[56] Ilmanen, A. Stock-bond Correlations [J]. Journal of Fixed Income, 2003 (13): 55—66.

[57] James M Steeley. Volatility Transimission Between Stock and Bond Markets [J]. Int. Fin. Markets, Inst and Money, 2006 (16): 71—86.

[58] Jeff Fleming, Chris Kirby, Barbara Ostdiek. Information and Volatility Linkages in the Stock, Bond and Money Markets [J]. Journal of Financial Economics, 1998 (49): 111—137.

[59] Jones Charles M, Owen Lamont and Robin L Lumsdaine. Macroeconomic News and Bond MarketVolatility [J]. Journal of Financial Economics, 1998 (47): 315—317.

[60] Kraus Aalan and Robert H Litzenberger. Skewness Preference and the Valuation of Risk Assets [J]. Journal of Finance, 1976, 31 (4): 1085—1100.

[61] Lamoureux C, and W Lastrapes, Heteroskedasticity in Stock Return Data: Volume Versus GARCH Effects [J]. Journal of Finance, 1990 (45): 221—229.

[62] Litterman R B, Scheinkman J. Common Factors Affecting Bond Returns [J]. The Journal of Fixed Income, 1991, 1 (1): 54—61.

[63] Ludvigson S C, Ng S. Macro Factors in Bond Risk Premia [J]. Review of Financial Studies, 2009 (22).

[64] Marchese Malvina, Kyriakou Ioannis, Tamvakis Michael, Di Iorio Francesca. Forecasting Crude Oil and Refined

Products Volatilities and Correlations: New Evidence from Fractionally Integrated Multivariate GARCH Models [J]. Energy Economics, 2020.

[65] Marco P. Endogenous Stock Market Thinness and Stock Price Volatility [J]. Review of Economic Studies, 1989, 56: 269—288.

[66] Matthias R Fengler, Helmut Herwartz. Measuring Spot Variance Spillovers when (Co) Variances are Time-varying-The Case of Multivariate GARCH Models [J]. Oxford Bulletin of Economics and Statistics, 2018, 80 (1).

[67] McQueen G, Roley V. Stock Prices, News, and Business Conditions [J]. Review of Financial Studies, 1993 (6): 683—707.

[68] Nektarios Aslanidis, Oscar Martinez. Correlation Regimes in International Equity and Bond Returns [J]. Economic Modelling, 2020.

[69] Nelson D B. Stationary and Persistence in the GARCH (1, 1) Model [J]. Econometrics 1990, (45): 7—38.

[70] Nelson D B. Conditional Heteroskedasticity in Asset Returns: A New Approach [J]. Econometrica, 1991, 59 (2): 347—370.

[71] Pagan A R. Econometric Issues in the Analysis of Regressions with Generated Regressors [J]. International Economic Review. 1984 (1): 221—47.

[72] Philip A, Panicos O D, Kul B L. Financial Development and Economic Growth: The Role of Stock Markets [J]. Journal of Money, Credit and Banking, 2001, 33 (1), 16—41.

[73] Piazzesi M. Bond yields and the Federal Reserve [J]. Journal of Political Economy, 2005, 113 (2): 311—344.

[74] Prices. Econometrica, 1973, 41 (J): 135—155.

[75] Quarterly. Journal of Economics, 1993, 10: 905—939.

[76] Rabemananjara R, Zakoian J M. Threshold ARCH Models and Asymmetries in Volatilities [J]. Journal of Applied Econometrics, 1993 (8): 31—49.

[77] Rangan Gupta, Christos Kollias, Stephanos Papadamou Mark E Wohar. News Implied Volatility and the Stockbond Nexus: Evidence from Historical Data for the USA and the UK Markets [J]. Journal of Multinational Financial Management, 2018.

[78] Richard T. Baillie Long Memory Processes and Fractional Intearation in Econometrics Journal of Econometrics. 1996 (73): 5—59.

[79] Robert T Daigler, Marilyn K. The Impact of Trader Type on the Futures Volatility-Volume Relation [J]. The Journal of Finance, 1999, 54 (6): 2297—2316.

[80] Schwert G W, P J Seguin. Heteroskedasticity in Stock Return [J]. Journal of Finance, 1989 (45): 1129—1156.

[81] Shiller R J, Baltratti A E. Stock Prices and Bond Yields: Can Their Comovements Be Explained in Terms of Present Value Models [J]. Journal of Monetary Economics, 1992, 30: 25—46.

[82] Silvennoinen, Annastiina, Teräsvirta Timo. Multivariate GARCH models. SSE/EFI Working Paper Series in Economics and Finance, 2008 (669).

[83] Taylor S J. Modeling Financial Time Series [M]. Chichester: John Wiiley, 1986.

[84] Taylor S J. Modeling Stochastic Volatility: A Review and Comparative Study [J]. Mathematical Finance. 1994, 4 (2): 183—204.

[85] Tsung-Kang Chen，Hsien-Hsing Liao，Hui-Ju Kuo. Internal Liquidity Risk，Financial Bullwhip Effects，and Corporate Bond Yield Spreads：Supply Chain Perspectives [J]. Journal of Banking & Finance，2013：37（7）.

[86] Victor Fang，Yee-Choon Lim，and Chien-Ting Lin. Volatility Transmissions Between Stock And Bond Markets：Evidence From Japan And The U. S. International [J]. Journal of Information Technology，2006，12（6）：121—128.

[87] William R. Stock and Bond Market Interaction：Does Momentum Spill Over? [J]. Journal of Financial Economics，2005（75）：651—690.

[88] Yinggang Zhou. Modeling the Joint Dynamics of Risk-neutral Stock Index and Bond Yield Volatilities [J]. Journal of Banking and Finance，2014（38）.

[89] Yufang Liu，Weiguo Zhang，Junhui Fu，Xiang Wu. Multifractal Analysis of Realized Volatilities in Chinese Stock Market [J]. Computational Economics，2019（prepublish）：1—18.

[90] ［美］埃德加·E. 彼得斯. 分形市场分析 [M]. 经济科学出版社，2002.

[91] 曹萍，高德翠. 日本公司债券市场的发展与管制放松 [J]. 银行家，2013（7）.

[92] 陈浪南. 波动率研究 [M]. 北京：中国财政经济出版社，2008.

[93] 陈守东，陈雷，刘艳武. 中国沪深股市收益率及波动性相关分析 [J]. 金融研究，2003（7）：80—85.

[94] 陈怡玲，宋逢明. 中国股市价格变动与交易额关系的实证研究 [J]. 管理科学学报，2000（2）：62—68.

[95] 方龙，何川，李雪松. 中国股市、债市间溢出效应与杠杆

效应研究 [J]. 湖南财政经济学院学报，2016，32（2）：38－45.

[96] 高博文，倪际航，何艾琛. 基于 HULM 的可转换债券和股票收益率研究 [J]. 数学的实践与认识，2018，48（16）：128－134.

[97] 何志刚，邵莹. 流动性风险对我国公司债券信用利差的影响——基于次贷危机背景的研究 [J]. 会计与经济研究，2012，26（1）：78－85.

[98] 华仁海，仲伟俊. 对我国期货市场价量关系的实证分析 [J]. 数量经济技术经济究，2000（6）：119－121.

[99] 黄玮强，庄新. 田中国证券交易所国债和银行间国债指数的关联性分析 [J]. 系统工程，2006.

[100] 姜翔程，熊亚敏. 基于 GARCH 族模型的我国股市波动性研究 [J]. 西南师范大学学报（自然科学版），2017，42（2）：115－119.

[101] 金颖，高斌，等. 美国、加拿大公司债券市场考察报告. 中国证券登记结算有限责任公司网站.

[102] 李合怡，贝政新. 银行间市场中期票据信用利差的影响因素研究 [J]. 审计与经济研究，2014，29（4）：107－113.

[103] 李岚，杨长志. 基于面板数据的中期票据信用利差研究 [J]. 证券市场导报，2010（8）：73－77.

[104] 梁淳，邵晓辉，蒋倩华. 基准利率对债券收益波动率的影响 [J]. 会计月刊，2012（8）：58－60.

[105] 廖文辉，张学奇. 金融计算与建模实验 [M]. 北京：经济科学出版社，2010：3.

[106] 刘善存，牛伟宁，周荣喜. 基于 SV 模型的我国债券信用价差动态过程研究 [J]. 管理科学学报，2014，17（3）：37－48.

[107] 刘志东. 多元 GARCH 模型结构特征、参数估计与假设

检验研究综述 [J]. 数量经济技术经济研究，2010
(9)：156.

[108] 吕江林，姜光明. 交易所债券市场价格波动特性研究
[J]. 金融研究，2004 (12)：89－96.

[109] 闵晓平，罗华兴. 基于水平和风险双重效应的公司债券
流动性溢价研究 [J]. 证券市场导报，2016 (6)：
27－32.

[110] 莫顿，米勒著，王中华，杨林译. 金融创新与市场的波
动性 [M]. 北京：首都经济贸易大学出版社.

[111] 潘越，吴世农. 中国股票市场信息流对股价波动的影响
分析 [J]. 中国财物与会计研究，2004 (2)：50－69.

[112] 庞浩.计量经济学 [M]. 北京：清华大学出版社，
2018：209.

[113] 上海证券交易所联合课题组. 我国交易所债券市场发展
研究，2010.

[114] 上海证券联合课题组，交易所公司债券市场发展研
究，2012.

[115] 上交所积极探索和推动证券市场科学发展 [M]. 上海证
券报，2012－05－23 A2 版.

[116] 宋丽萍. 深化制度改革力促资本市场健康发展 [J]. 深
圳证券交易所，2013－3－12.

[117] 孙克.企业债的信用价差动态过程的影响因素 [J]. 证
券市场导报，2010，(7)：24－31.

[118] 孙少岩，孙文轩. 加入 SDR 后人民币汇率波动规律研
究——基于 ARIMA-GARCH 模型的实证分析 [J]. 经
济问题，2019 (2)：42－47.

[119] 唐瑞颖. 货币政策、资产价格与经济增长的波动溢出效
应——基于 MGARCH-BEKK 模型 [J]. 科技广场，
2016 (6)：116－120.

[120] 唐勇,朱鹏飞. 金融计量学（第二版）[M]. 北京：清华

大学出版社，2019.

[121] 唐勇.金融计量学［M］.北京：清华大学出版社.
2016：60.

[122] 汪昌云，戴文胜，张思成.金融计量学［M］.北京：中国人民大学出版社，2012.

[123] 王承炜，吴冲锋.A、B股互自相关研究［J］.系统工程理论方法应用，2001（4）：265－268.

[124] 王宏伟，闫安，孙海刚.上交所企业债价格变化分［J］.经济论坛，2007（4）：120－122.

[125] 王蕾，周小攀.债券市场对其他金融市场的风险溢出效应研究［J］.投资研究，2019，38（6）：69－81.

[126] 王明照，郭冰.金融资产波动性特征研究回顾［J］.经济学动态，2005（1）：76－81.

[127] 王鹏飞.股票市场和公司债市场风险溢出效应［J］.技术经济与管理研究，2020（7）：85－89.

[128] 王杉，宋逢明.中国股票市场的简单量价关系模型［J］.管理科学学报，2006（4）：65－72.

[129] 王雪，胡未名，杨海生.汇率波动与我国双边出口贸易：存在第三国汇率效应吗？［J］.金融研究，2016（7）：1－16.

[130] 王燕辉，王凯涛.股票交易额对收益率波动性的影响——对深市个股的实证分析［J］.金融研究，2005（12）：81－88.

[131] 王一鸣，李剑峰.我国债券市场收益率曲线影响因素的实证分析［J］.金融研究，2005（1）：111－124.

[132] 王喆，徐盼.基于GED-GARCH模型的沪深300指数收益率波动性研究［J］.现代商业，2018（9）：73－74.

[133] 吴文锋，刘太阳，吴冲锋.金融市场协同波动溢出分析及实证研究［J］.管理工程学报，2007，21（3）：111－115.

[134] 项卫星，李宏瑾. 货币市场基准利率的性质及对 Shibor 的实证研究 [J]. 经济评论，2014 (1).

[135] 熊正德，文慧，熊一鹏. 我国外汇市场与股票市场间波动溢出效应实证研究——基于小波多分辨的多元 BEKK-GARCH (1，1) 模型分析 [J]. 中国管理科学，2015，23 (4)：30-38.

[136] 徐国祥，杨振建. 人民币分别与发达市场和新兴市场货币汇率波动传导效应研究——基于多元 BEKK-MGACH 模型的波动传导测试. 金融研究，2013 (6)，49.

[137] 许祥云，廖佳，吴松洋. 金融危机前后的中国股债关系分析——基于市场情绪变化的解释视角 [J]. 经济评论，2014 (1)：130-140.

[138] 杨宝臣，马志茹，苏云鹏. 中国公司债券的信用利差与流动性风险 [J]. 技术经济，2016，35 (11)：105-112.

[139] 杨红，董耀武. 银行同业拆借利率动态相关性研究——基于多元 GARCH 模型的分析 [J]. 财经论丛，2013 (3)：55-61.

[140] 易丹辉. 时间序列分析方法与应用 [M]. 北京：中国人民大学出版社. 2012：48.

[141] 易纲. 进一步确立 Shibor 的基准性地位 [J]. 中国货币市场，2008 (1).

[142] 袁东，郭顺. 交易所债券市场与银行间债券市场波动性比较研究 [J]. 经济研究参考，2004 (55)：27-28.

[143] 袁东. 中国债券流通市场运行实证研究：交易所债券市场与银行间债券市场的比较分析 [M]. 北京：经济科学出版社，2004.

[144] 张金清，刘烨. 股市规模与股价波动性的相互影响实证研究 [J]. 管理评论，2010，22 (10)：22-28.

[145] 赵国庆，姚青松，刘庆丰. GARCH 族的模型平均估计

方法［J］. 数量经济技术经济研究，2017，34（6）：104－118.

［146］ 赵华，麻露. 中国金融市场的时变信息溢出研究［J］. 财贸研究，2016，27（5）：19－29＋38.

［147］ 赵留彦，王一鸣. A、B 股之间的信息流动与波动溢出［J］. 金融研究，2003，（10）：37－52.

［148］ 赵晓男，申世军，王宇，等. 发展中的亚洲债券市场［J］. 中国证券期货，2010（8）.

［149］ 郑晖. 中国金融市场的有效性、波动性及联动性的实证研究［D］. 暨南大学，2011 年.

［150］ 郑金英，翁欣. 中美粮食期货的价格关联及波动溢出效应——基于多元 T 分布下 VAR-BEKK-MGARCH 模型的实证分析［J］. 价格理论与实践，2017（3）：128－131.

［151］ 郑振龙，陈志英. 中国股票市场和债券市场收益率动态相关性分析［J］. 当代财经，2011（2）：45－49.

［152］ 郑振龙，黄蕙舟. 波动率预测：GARCH 模型与隐含波动率［J］. 数量经济技术经济研究，2010（1）：140－151.

［153］ 朱顺泉. 经济金融计量及其 R 语言应用［M］. 北京：清华大学出版社，2016.